Enjoy是欣賞、享受，
以及樂在其中的一種生活態度。

張欣民教你十要八不聰明購屋

跟著專家買房子

房產權威**張欣民** 著

無祕訣的成功購屋

周俊吉

信義房屋董事長

　　常碰到有人問我：「信義房屋成功的經營祕訣是什麼？」事實上，若是真有什麼「經營祕訣」，那就沒什麼好說了，因為是「祕訣」當然只能祕而不傳囉！這些年來信義房屋如果還有些成績，實際上並沒有什麼「祕訣」，只不過進入信義房屋的每一個人都有一個共同的信念，那就是希望以專業知識及群體力量，促進房地產交易之安全、迅速與合理，並本著信義立業、止於至善的目標不斷前進。就是這麼簡單，沒有什麼高深的學問，更沒有什麼「祕訣」可言！

　　信義房屋成立二十六年以來，一直都是以顧客的角度來規劃、設計新制度和新服務，無一不是以提升產業形象及消費者滿意度為職志，而不是以一般人常談的「在商言商」之角度、以獲利為先為依歸，所以當一些以消費者權益為考量的創新想法與服務推出，就常常引來一些同業的譏笑。

並首開業界之先，提倡並施行「不賺價差」這制度為例，當時不但被視為「外行」，更被認為「愚不可及」。但到現在「不賺價差」制度不僅已成為全體房仲業者一致遵守的遊戲規則，更在不動產經紀業管理條例及公平法等相關法令條文中正式法制化。

　　在房地產景氣紅火之際，「聰明的」業者都是「搶到」房屋物件就會趕快進行銷售，主要是要把握住銷售商機。不過卻有一家信義房屋強調「先做產調，再行銷售」，明顯的又是違反當時業界的經營模式，只是這項為消費者權益把關的動作，現在也成為所有房仲同業房屋銷售時不可少的動作。哪有什麼「祕訣」可言！

　　欣民一直是個優秀的不動產研展人才，如今他撰文出書，教導民眾如何正確挑屋、找屋、買屋，書中傳達的許多觀念，也都是信義房屋長期不斷努力及推動的目標及方向，至少讓房屋市場資訊更透明，讓房屋交易更合理，都是我們所樂見的！如此看來，其書一出定能「開枝散葉」嘉惠更多廣大的購屋大眾，謹以此文代序，並祝新書發表圓滿成功！

趨吉避凶購屋增值學

曹瑞濱

台北市不動產代銷經紀商業同業公會理事長

甲桂林廣告公司副董事長

從事房地產二十多年來，雖然不是第一次為朋友的書寫序，但欣民兄一開口要我幫忙寫篇序文，我毫不考慮的就答應了，因為欣民兄在國內房地產界一直被視為是「情報王」、「資料庫」，如今他將多年來的「智慧財產」化成文字出書，當然值得推薦，值得廣為周知！

自從跨入房地產市場以來，看過了國內房屋市場景氣幾波的起落，近三年來在政府政策作多及低房價、低利率與低稅率「三低」環境成形的帶動下，台灣房市又出現了多年來少見的榮景，過去兩三年只要是有資金投入房地產市場的，應該都有不小的收穫，正是股票市場上所謂的大多頭格局。

不過，隨著市場推案量的持續大增，加上各地房價都已有一波漲幅，現在的房地產市場個案選擇多、購屋難度明顯升高，這

時候民眾進場購屋，不論是自住或是投資，一定要多花一些時間好好做做功課。在趨勢上，看看有哪些市場發展新趨勢可能影響房市？在地段上，了解到底有哪些地方還有增值潛力？在產品上，看看市場上還有哪類產品會是下一波的當紅炸子雞？

當然除了積極「趨吉」之外，也要學會如何「避凶」，畢竟買房子是每個人一生當中最大的一筆開銷，所以一定要學會避開市場上的陷阱及風險，如何避開危險山坡地住宅、海砂輻射屋、凶宅、如何簽約等等。而這些剛剛好都是欣民兄新書中所要告訴購屋民眾的資訊，因此建議購屋民眾在購屋前先看看這本書，不但可讓您的購屋大事變簡單，進一步還可讓您成為房市大贏家。

自從我接下台北市代銷公會理事長一職以來，除了努力促進產業共存共榮、加速產業發展進步之外，也不時致力於改善國內預售屋銷售制度之正常與合理化，期許同業都能遵循政府交易規範達到全面法制化，經由交易資訊的充分揭露降低交易風險，並透過各類教育訓練提升從業人員的專業度及服務品質，無非想讓所有的購屋人都可因為代銷業者的專業服務，完成人生的築巢美夢！

欣民兄為文著書教導民眾如何購屋，我想其最終目的也是要

讓天下所有想要有個家的人，都能在資訊充分、交易安全的環境下，擁有一個屬於自己甜蜜的窩。基於相同的理念及方向，個人非常樂意幫欣民兄為文作序，並向廣大購屋民眾推薦這本實用的工具書！

曹瑞濱

輕鬆購屋簡單讀

程淑芬
外資券商總經理

欣民是我工作生涯中很重要的貴人。

剛入證券業研究產業時，總是接沒人要的產業，老闆更在建築業景氣飄搖的時候，交給我營建股！

不過，回頭想想，我也很幸運，研究當時的冷門股，卻可以交到不少「很溫暖」的朋友，欣民就是其中一位，沒有他，我現在大概就遜多了！他對產業的深入與專業，真的很令人佩服，對我在產業研究上的幫助非常大，而且他是位性情中人，真誠不已！最不簡單的是，他在房地產研究工作崗位上，熬過國內房地產業從崩跌到現在的景氣高峰，真的是耐得住性子。

我的好朋友欣民現在要出一本教導民眾如何購屋的書，這等於就是將他自己的祕笈公開出來，內容不但十分充實又相當實用。全書內容觀察敏銳，卻又淺顯易懂，可說相當精彩。自己讀完全書，彷彿自己又上了一課！

非常榮幸，有機會幫欣民的新書寫序，希望有更多的人看過此書都能受惠。

　　　　　　　　　　　　　　　　　程湘筠
　　　　　　　　　　　　　　　　　Sophia

「十要八不」聰明購屋之緣起

　　踏入房地產市場雖是生命當中的一段意外，不過個人想寫一本有關房地產的書卻非全然意外，因為十年前就有一次機緣受邀寫這方面的書，然因當時工作及俗事纏身，沒心力沒時間去完成這樣一個心願。只是十年一覺台北夢，此一機緣又再度出現，因此更覺機會不可再錯失，畢竟人生當中有多少個十年，所以即使這段期間還是有些煩人俗事，但還是一鼓作氣將全書完成！

　　從2003年下半年起，國內房地產市場由谷底翻升，這三年多來房市更是持續加溫，於是購屋人可看到市場上各類訊息如雪片般飛來，面對這些紛飛的市場訊息，購屋人簡直就如墜五里雲霧之中，根本無法分辨何者為真？何者為假？什麼是實？什麼是虛？無從掌握一些較客觀、詳實的資訊，以做出正確的購屋決策。為了讓購屋人可在重重迷霧中，找到一盞指引的明燈，因此才會想要寫這樣一本淺顯易懂的購屋指南。

　　本書內容一見就知道是分為「十要八不」，「十要」是十項購屋時要緊守的準則，「八不」是八項不要碰或不要忽視的事

項，主要是希望讓民眾在購屋時有些簡單明瞭的指引方向。其中又可再分為四類，其一是購屋不敗的產品選項，如捷運屋、三鐵屋、明星學區住宅、樂活居等等，這些產品是不管市場景氣如何，它們永遠都是市場的最愛，可發揮跌時保值，漲時增值力道更強的特性。

其二是購屋投資必須遵循的鐵律，如了解房市未來發展大趨勢、找房市增值潛力區、投資套房的訣竅、跟在豪宅邊置產、要「三好一公道」等等。這對於在低利年代想以房地產為投資工具者更是重要。只有充分掌握這些市場趨勢及投資訣竅，才可讓自己的資金投入房地產後，成為一隻不斷下金蛋的金雞母。

其三是提醒購屋人不要輕忽購屋過程中的一些「小事」，如高租金報酬之陷阱、簽約時可能遇到的風險、如何殺價等實用建議，這些看似小事，但都是牽一髮而動全身，當然是輕忽不得。

其四是不要碰一些高危險性的產品，如危險山坡地住宅、

「草莓屋」、凶宅、海砂輻射屋等等，這些雖是屬消極性的提醒，但卻是購屋人最怕碰到的，畢竟購屋簽約前多一分小心，就可讓未來的居家多一分開心與安心！

基本上，本書的最大特色，是針對市場上大家都看好的地段、區域，再進一步加以評等，分別以一到五顆星加以標示；這是目前購屋人在紛雜的市場中不可能取得的資訊，對於想以房地產為投資工具者，更具有實質的參考價值，參照這些評等，即使是完全沒購屋經驗首購族，也可輕易的成為購屋達人。

古人說：「久旱逢甘霖、他鄉遇故知、洞房花燭夜及金榜題名時」是人生四大樂事，但對於現代人我想應該還要再加進「新居落成時」第五大樂事，畢竟購屋築巢不僅是人生一大事，更是一件可喜可賀之事，所以事前多做功課，多看、多問、多比較，要找到人生的理想家，絕對不是一場遙不可及的夢！

1995年個人離開新聞工作崗位進入信義房屋，到今年剛好滿十二年，在這十二年當中持續觀察、蒐集、分析、研究國內房地產市場之景氣變化，工作上也不斷發佈一些市場訊息，供社會大眾買賣屋時之參考，但多是零零碎碎沒有系統，因此一直有將一些有用資訊整理整理的想法。適值朱亞君社長前來邀約寫書，我就一口答應了，所以才會有這本書的出版。

此書得以順利出版，要感謝的人很多，第一個要感謝的就是朱亞君社長，沒有她的摧生就沒有此書的問世。更重要的是要感

謝信義房屋周俊吉董事長、台北市代銷公會曹瑞濱理事長及「外資天后」程淑芬，在百忙之中幫本書推薦寫序。老長官周莊雲執行協理對本書之諸多協助與建議，在此亦一併致謝！此外，還要謝謝老朋友楊守仁、儲昭智、梁念遠、廖賢龍等人的鼓勵與幫忙，當然二妹議文及家人的長期支持，也是個人精神上的最大支柱。最後將這本書獻給年邁的父母親，願他們永遠健健康康、快快樂樂！

電子信箱：chang.hsinming@gmail.com
部落格：http://victor-chang.blogspot.com

目錄

推薦序

5　無祕訣的成功購屋　周俊吉

7　趨吉避凶購屋增值學　曹瑞濱

10　輕鬆購屋簡單讀　程淑芬

自序

12　「十要八不」聰明購屋之緣起

20　十要之一：要知房地產市場發展大趨勢

29　十要之二：要三鐵屋

44　十要之三：要捷運屋

65　十要之四：要知房市未來增值潛力區

73　十要之五：要樂活居

85　十要之六：要明星學區住宅

95　十要之七：要知房地產投資實務操作三大撇步

101　十要之八：要三好一公道

108　十要之九：要懂得投資套房的訣竅

118　十要之十：要懂得跟在豪宅旁買屋致富

八不

126　八不之一：不要中看不中用的草莓屋

133　八不之二：不要危險山坡地住宅

142　八不之三：不要輻射屋、海砂屋

148　八不之四：不要以為房市不會泡沫化

160　八不之五：不要忽略高租金報酬率背後的數字陷阱

166　八不之六：不要糊裡糊塗就簽約

175　八不之七：不要凶宅

181　八不之八：不要忘了殺價

附錄

192　2007年房地產投資前景大計

199　台中房市的機會與挑戰

209　如何利用不動產籌措退休基金？

213　社會新鮮人如何擁有人生第一棟房子？

219　高鐵時代房地產投資策略

226　新莊房市前景大剖析

十要

要知房地產市場發展大趨勢

　　陳杆坤（化名）剛剛從職場退休下來，除了拿到一筆退休金之外，三十多年的工作也為他累積了不少的財富，但是在低利率的年代，他發現錢存放銀行只會愈存愈薄，於是他聽從房地產界朋友的建議，準備進入房地產市場做投資。只是房地產產品差異非常大，市場趨勢又變動不居，該如何正確投資，才不會誤入陷阱、慘遭套牢呢？對房地產投資大趨勢有一個全面的了解，應該是當今投資房地產首要的課題吧！

國內房地產市場發展十大趨勢

- 逐高鐵而居
- 逐捷運而居
- 都會區內豪宅與小宅兩極化
- 都市更新加速化
- 住居「鮭魚化」
- 節能「綠建築化」
- 住宅光纖化（FTTH）
- 樂活休閒化（LOHAS）
- 鄉村郊區化
- 廠房住宅化或商業化

　　台灣房市已經持續熱絡幾年，過去這幾年充斥著利多消息，房價也隨之飆高，但隨著利率上揚、餘屋量增多，未來

房市是否能持續大放異彩，抑或因投資客過多開始出現警訊，市場上已開始出現不同的聲音。

近幾年來國內房地產市場的發展，已然開始由量變而出現質變，加上島內諸多重大建設不斷的展開或是完工，也因此陸續出現一些新的發展趨勢，對於房地產市場有著程度不小的刺激。這些新趨勢不僅將影響民眾購屋之選擇，也意味著更多的市場商機，對於觀測房市發展具有相當程度的指標性。

根據社會、經濟及市場等外部因素來看，台灣房地產市場正有以下十大趨勢持續發展中，這十大趨勢包括：逐高鐵而居、逐捷運而居、市區豪宅與小宅兩極化、都市更新加速化、住居「鮭魚化」、節能「綠建築化」、住宅光纖化（FTTH）、樂活休閒化（LOHAS）、鄉村郊區化、廠房住宅化或商業化等等十大趨勢。這些趨勢本身有好有壞，購屋大眾要懂得在這些趨勢當中趨吉避凶，才會是房市大贏家。

一、逐高鐵而居

2007年台灣正式進入高鐵一日生活圈的時代，這不但會改變民眾使用交通工具的習慣，對照國外高鐵的實際經驗，民眾居住的地點與住宅的形式也可能跟著改變，所以逐高鐵

而居,將成為高鐵時代民眾購屋的選項之一。

　　根據過去的經驗,每項重大交通建設完工後,都會掀起一波「空間革命」。所以台灣高鐵的正式營運,宣告了未來將是第四度空間革命的年代,要改變現狀,選擇不同居住環境、地點及形式,都變成可能。只是在逐高鐵而居的此一趨勢下,民眾還是要先考量高鐵站周邊的生活機能以及交通配套措施。初期來看,以具有高鐵站、台鐵站及捷運站「三鐵共構」的站區較適合民眾逐高鐵而居,也就是目前的台北站、板橋站及左營站,以及下一階段會完成「三鐵共構」的南港站及台中站。

二、逐捷運而居

　　近幾年來「逐捷運而居」已是大台北地區購屋之最高指導原則,有捷運到的地方,房價都應聲大漲,預售推案也都大賣,儼然成了房市票房的最大保證。但這樣的「好康」未來將不再是台北市民的專利,因為未來的十年,全台主要都會區會陸續進入捷運時代,加上台鐵也計劃將一些都會區的傳統鐵道路段捷運化,而輕軌捷運也將接連出現在我們居住的地區。

　　相對的,隨著高油價時代的來臨,所引發自用交通工具的成本壓力愈來愈大,這時候能夠省錢、省時的大眾快捷交通工具也一定會更受社會大眾所倚賴。特別是2007年開始,高雄也即將正式進入捷運時代,大台北地區民眾選屋、購屋逐捷運而居的經驗,預料也將全面在高雄地區複製,成為當

地一股買屋的新潮流。接著，台中捷運也將在2007年正式動工，這股逐捷運而居的市場潮流也會更加強化。

三、都會區內豪宅與小宅兩極化

　　根據趨勢大師大前研一的觀察，未來的社會型態將進入「M」型社會，也就是貧富差距將日益拉大，中產階級反而逐漸消失。這樣的社會型態也已漸漸反映在國內房地產市場，明顯的愈來愈多的豪宅與低總價訴求的小宅充斥在市場上。

　　特別是近幾年在大都會地區，建商取得土地的困難度愈來愈高，加上地價上漲的因素，有幸能取得大面積土地者，都傾向規劃大坪數高總價的豪宅產品。只能取得小面積土地者，要做大坪數產品根本不可能，因而以市場最易接受之小套房或小宅來規劃；這些年來少子化甚至無子化、單身化、單親化等等社會變遷越發嚴重，滿足這類需求之小宅當然也就更加流行，其所佔市場比重也將隨勢提升。

四、都市更新加速化

　　「都市更新」這個議題在國內已經談了很多年，過去因為

市場景氣低迷、住戶整合不易、公權力不願介入，以及政府審查程序冗長，所以實際成效不佳，更何況業者在非都市地區可輕易取得短期推案土地，因此都市更新的誘因顯然被業者視為畏途。

不過隨著房市景氣的轉趨熱絡，市區土地供給趨近飽和的情況下，都市更新已變成建商在市區中取得大面積土地的唯一方式，更與老屋「拉皮」一同被視為是未來建築業界及不動產投資客的最大金礦。特別是當行政院提出原地、原建蔽、原容積之「三原」獎勵措施後，房地產市場更是出現一股「考古」風，好地段裡的老房子愈來愈吃香，不少老房子的屋主更是待價而沽。在商機無限的情勢下，當然會加速都市更新的步伐。

五、住居「鮭魚化」

大家都知道鮭魚的生活型態，當鮭魚在大海長大後，就會集體洄游到牠的故鄉產卵，生下下一代。所謂住居「鮭魚化」，也就是指一批出外的遊子，在外事業有成後，開始回歸故鄉購屋定居。

這種狀況有島內移民也有島外移入兩股潮流。在島內移民方面，特別是在高鐵及北宜高完工，及往後更多項重大交通建設投入個別區域市場後，交通環境與居住條件持續改善而形成「一日生活圈化」的現象，很多出外工作的遊子，對於住居地點選擇範圍相形變大，猶如鮭魚從大海洄游故鄉產卵，回家鄉定居的可能性和機會跟著提高很多。另一方面，

隨著未來兩岸關係可能進一步開展，甚至達到實質的三通，台商回流、回鄉定居的可能性與可行性也都會跟著升高，類似的島外移入也是一種可以預見的趨勢。

六、節能「綠建築化」

台灣自2000年起開始推動「綠建築」，綠建築主要是為了節能及符合環保概念而興建的。內政部建築研究所特別針對綠建築制定九大指標，包括生物多樣性、綠化量、基地保水、日常節能、二氧化碳減量、廢棄物減量、室內環境、水資源、污水垃圾改善等九項。這些指標在地球暖化日益嚴重，以及高油價時代來臨的時刻更形重要。雖然現在綠建築僅見於一些辦公大樓，但隨著未來民眾對於節約能源、節省費用的需求心理出現，建築業者在市場漸趨成熟的情況下，推出綠色住宅建築之意願也將提高。未來綠建築化普及到一般住宅的可能性應該很高，綠建築更將成為建築業者銷售時的最主要訴求。

七、住宅光纖化（FTTH）

隨著政府持續推動光纖到府（FTTH，fiber to the home）

的建設，以及市場上愈來愈多建商以光纖到府做推案之訴
求，住宅光纖化的時代指日可待；尤其是隨著3G時代的來
臨，未來屋主可以在外透過新的通訊設備，掌握家電設備、
居家保全、小孩老人照護等遠在家中之一切，光纖到府的便
利已不再是夢想。

八、樂活休閒化（LOHAS）

近兩年來，普
遍對生活的需求，不
再只是基本的食、
衣、住、行，而是要
更有個性、更休閒化
的生活態度，樂活
（LOHAS）的觀念逐
漸深入人心，成為一
種流行，當然這一潮
流也已蔓延到住宅市場上，因此這幾年來國內房屋預售推案
只要加進「溫泉化」、「休閒化」、「健康化」等元素，都會受
到市場的熱烈歡迎，一般相信樂活的潮流在未來還會益加發
揚光大。

九、鄉村郊區化

在交通環境愈來愈便捷的前提下，民眾在郊區或鄉間選

購第二屋或是自立造屋的情形，也愈來愈普遍。特別是近年來農業發展條例修正後，農村住宅有增加的趨勢，因為這類住宅位於交通可及的鄉下農村，生活恬靜，閒暇時還可種花種菜，享受都市人不可能得到的真實鄉村生活。

十、廠房住宅化或商業化

在房地產市場持續熱絡的帶動下，很多在市區當中擁有大片廠房的傳統產業業者，近年也都興起轉型或是加入房市的念頭。怕麻煩者，直接以一般事務所名義推出「工業住宅」，快速獲利；循規蹈矩者，則循法定地目變更程序，將大片工業土地改變成住宅區或是商業區。這不僅對帶動當地都市發展有幫助，也讓業者賺取更大的利潤，可謂是一種多贏

的土地開發模式。這種廠房住宅化或商業化的開發模式，在未來幾年內應該還會有很多案子於大台北地區的南港、內湖、新店、中和、三重等地推出，這是值得市場期待的新趨勢。

過去兩、三年，台灣房地產市場難免會給人過熱的疑慮，但只

要兩岸及國內政局的不確定因素可以排除，以上這十大發展趨勢應該也都會在房屋市場上一一出現，讓台灣房市有更上一層樓的發展潛能。

要三鐵屋

孫尹漢是旅居台北近二十年的嘉義子弟，事實上已儼然成為一個台北人，他在泰山買屋定居下來，只是每次他帶妻小要回老家，或是他父母要上台北小住，都會覺得台北車站到泰山家中的這段路還滿遠的，特別是高鐵通車後，這段車程距離有時感覺與台北到嘉義相差無幾，於是他起了要換屋的念頭，如果能從泰山搬到板橋，以後回老家，或爸媽上台北看孫子，就會輕鬆省時多了！

這是重大交通建設完成所出現的社會現象，也是重大交通建設帶動都市發展的明顯例子。2007年元旦台灣高鐵開始試營運之後，一些民眾在居住地點上開始出現改變的想法，然而事實上卻沒有類似的購屋經驗可供參考，台灣民眾該如何正確的在高鐵時代投資或購買房子呢？

台灣過去幾項重大交通建設的完工，每一項都會掀起一波「空間革命」。我們已經經歷了三次的空間革命：第一次是進入鐵路時代，第二次是進入高速公路時代，第三次是進入捷運時代。今年（2007年）高鐵通車，則是正式進入高鐵時代，也將台灣帶入第四度空間革命的年代，因此居住環境的

選擇、地點及形式，都出現新的可能性。像孫尹漢考慮隨高鐵而搬家的例子會增加，上班日在台北、週休二日回中南部度過「家庭日」的家庭也將愈來愈普遍化。

從歐美日等國家的發展來看，高鐵對帶動整體的消費及觀光動能皆相當可觀。不過，就高鐵對於台灣房市的發展，應該會出現三階段式的帶動。

第一階段以具有高鐵、台鐵以及捷運（地鐵）三鐵共構的「三鐵屋」，也就是三鐵共構站最被市場看好。觀察目前通車停靠的8個及未來陸續完工的車站：台北車站、板橋站、左營站及第二階段設站的南港站，由於這些站區未來將隨著三鐵的匯集而更繁榮，所以周邊房地產絕對值得民眾長期持有。

第二階段，是隨著高鐵站特定區的開發，周邊生活機能漸趨完善，帶動高鐵站房市的進一步發展，此類車站有：桃園站、新竹站及台中站。就市場發展及政府資源的配置，高鐵站通車三年至五年間，會是一個投資介入的時間點。

第三階段，要等到第二階段站區發展到一定時間後，市場資金及政府資源才可能轉移到這幾個站，因此其房市介入時間點最好在高鐵通車的七、八年之後。此類車站就屬嘉義站及台南站，如果要在站區周邊投資房地產，一定要有長期持有的心理準備。至於高鐵營運後期才會增設的苗栗站、彰化站及雲林站，投資時則最好要停看聽，因為未來是不是真的會設站，恐怕都還有變數。

三鐵共構站「三鐵屋」是投資首選

台北車站

　　台北車站原本就是全國交通的樞紐，現在不僅是三鐵共構而已，2006年在承德路及市民大道推出的預售個案更打出「五鐵共構」的訴求——目前擁有捷運、高鐵、火車和客運四大交通優勢，未來還有機場捷運線在此匯集。由此不難想見台北車站周邊生活機能及交通條件之優越性。

　　未來台北市第一座雙子星大樓也將出現在台北車站的西側，其外型相當的摩登，不僅有百貨公司、辦公室進駐，還可望成為台北市新地標。雙子星大樓底標開價兩百億元，目前已知有多家歐美日外商將前來競標，市場商機十分龐大。雙子星大樓開發案規劃為地上56及76樓的雙塔模式，台北捷運局決定將C1、D1兩塊地合併招商，2007年6月截止投件。根據台北捷運建設計畫，機場捷運線於2010年完工後，台北車站將正式進入「五鐵共構」時代，不但是全台規模最大的交通轉運樞紐，更是「台北門戶」，因此台北車站商圈已成為各財團的兵家必爭之地。

　　目前台北車站「三鐵屋」房價一坪是300,000元至400,000元，未來雙子星一旦落成，預估每坪至少會上看500,000元至600,000元，因此有不少外資都有興趣投資，當然國人也有機會在台北車站周邊佔有一席之地，等到這些交通建設都完工，民眾所投資的「三鐵屋」價值也就跟著水漲船高。

板橋站

　　板橋站不僅位於新板特定區內，也位居台北縣行政資源中心。新板特定區號稱北縣的信義計畫區，憑藉著三鐵共構及北縣公路客運樞紐的交通優勢，近年來吸引不少建商推案，也有大批首購及換屋族轉進，加上附近飯店及百貨業者紛紛進駐，因此近年來推案不斷，房價屢創新高。

　　新板特定區位於板橋文化路、民權路、區運路、漢生東路之間的土地，總面積48公頃，特區內除了百貨、飯店業者早已積極卡位，金融業者更看好當地商圈發展，也開始布局。打下第一支椿的是從房地產業起家的板信商銀、華泰銀行等等，這些銀行都將在當地興建企業總部與豪宅，計劃開發兩棟地下7層、地上33層的超高樓層建築。其中一棟規劃作企業總部，另一棟要規劃為頂級豪宅銷售，企業總部的1至3樓共1,800坪，已經被遠東百貨訂下來規劃為精品百貨館，預計在三年半之內交屋營運。

　　另外，遠東百貨集團目前在新板特定區有3個據點，等於複製新光三越在台北市信義計畫區的版圖模式。另外，麗寶建設也打算在新板特定區興建精品旅館，未來五年內百貨業與高級飯店業群聚新板特定區已不是夢想。

　　預售推案在特區內搶得

頭彩的,是皇翔建設關係企業皇勝建設所推出,每坪開價高達350,000元的「華府DC」案,此案一推出,正式宣告板橋房價三字頭時代來臨,也順利打響第一炮。接下來「權世界」、「F1」、「國鼎」、「台北官邸」、「國家世紀館」等陸續進場,到今年「橋峰」、「東方明珠」等豪宅案,更將新板特定區預售房價推到500,000元的關卡。不過根據房仲業者成交行情,板橋站目前周邊中古大樓行情約在每坪270,000元至330,000元、公寓約170,000元至200,000元,所以未來應該還有提升空間。

南港站

　　雖然高鐵南港站要到2010年才會通車運行,但屆時將與捷運板南線、台鐵、高鐵相銜接,成為三鐵共構的轉運中心,並與鄰近的環東大道、中山高、北二高,與北宜高等等重要幹道,構

成四通八達的交通網絡。知名百貨商場早已伺機搶進,再加上南港經貿園區帶動大批就業人口,使得南港站周邊房市廣

被市場所看好。

其中由台灣鐵路管理局主導的南港車站BOT案，已於2006年底由潤泰創新的子公司潤泰旭展公司與台鐵局簽訂「民間參與台鐵南港車站大樓興建營運案」營運特許合約，取得南港車站BOT長達五十年的營運開發權，並投資45億元興建商場、辦公大樓和商業旅館。

另外由台北市政府規劃的「南港車站特定專用區區段徵收工程」開發案，已經在2007年4月動工。這項工程將促進當地經貿發展，完工後交通便利，未來榮景將可比擬繁華的信義商圈。本區域剛好面對南港車站精華區，頗具商業潛力，由於已不適合農業使用，因此透過都市計畫變更及區段徵收方式進行整體開發，規劃結合高鐵、台鐵及捷運三鐵共構的交通運輸中心，與對面南港車站精華區的熱絡商業活動交相輝映，預計帶動南港地區經濟發展，建構南港交通新網絡。

「南港車站特定專用區」開發工程總面積為2.56公頃，預計於2007年底完工。目前該地除有部分農地及零星低矮房舍供小型汽車修理業、小吃店及加油站使用，其餘土地皆閒置荒廢；開發完成後，南港車站商圈將更加擴大，相對提高商業服務機能及帶動地方繁榮。

目前南港站周邊房價僅在300,000元起跳，比起其他行政區仍屬低檔。隨著都市更新的速度加快，曾有黑鄉之名的南港，已成為眾多建商及投資客大舉淘金的區域，預估未來房價可漲破400,000元的關卡。

左營站

　　高鐵通車後，高雄以「左營新站特區」最具潛力。本區具有三鐵共構優勢，得以加速新車站商圈繁榮，成為南台灣交通樞紐。左營站周邊，目前房價仍處在低檔，在比較基期仍低的情況下，未來房價漲幅還有很大想像空間，不容小覷。

　　高鐵左營站因有高鐵、台鐵、捷運三鐵共構的交通優勢，加上高雄市政府積極的拓展宣傳高雄海港都市觀光，2007年底捷運開通後，接駁功能正式啟動，將會大大影響高雄人使用大眾運輸系統的習慣。未來，無論是洽公或逛街購物，都可利用高雄便捷的交通網絡，出入高雄市區。高鐵時代來臨，高雄左營以區域條件，加上空間規劃，將為北高雄帶來人潮與車潮，成為高雄的新核心。

　　高鐵左營站位於機九用地，西靠半屏山，東接高雄29期重劃區，以位置而言接近高雄市之地理中心，其距高雄火車站現址及橋頭火車站均約8公里，服務範圍可容納高雄縣市境內各地，及屏東縣市等鄰近市鄉鎮。捷運與高鐵共站，不僅提供捷運與高鐵車站旅客轉乘之便利，對於捷運運量提升亦有助益，而捷運於機九用地設置車站，亦可加強對29期重劃區之運輸服務，加速地區發展。

　　在高鐵左營車站東側，目前規劃有3,200坪的事業發展專用區，高鐵局已完成招商，供民間開發使用。經過甄選後，已確定新光三越為最優申請人，取得高鐵左營站事業專用的開發案，要在北高雄開闢新的市場，正式簽約後即可取得五十年開發使用特許期，預估高鐵左營站區的新光三越百貨會

高鐵時代「三鐵共構」站區周邊房市

三鐵站	特色	區內重大建設
台北車站	全國交通樞紐、五鐵匯集	機場捷運、雙子星大樓
板橋站	四鐵匯集、縣政中心	新板特定區開發、大都會歌劇院
左營站	南台灣新交通樞紐	百貨賣場
南港站	東區交通樞紐、商業中心	車站地下化、車站BOT開發案

註：房價係指附近中古屋參考價；投資評等最高為5顆星

在2009年以前開幕。

在房屋市場方面，左營高鐵站前廣場重信路、高鐵聯外道路及自由路兩旁有：「自由富門」、「豐收文學」、「文學經典」、「高鐵金鑽」、「錢進高鐵」、「高鐵BOSS」、「高鐵線上」、「大吉市」、「高鐵珍鑽」、「富比士」等新個案，平均單價在每坪110,000元至150,000元之間，未來應還有不小的上漲空間。

高鐵車站特定區

高鐵出台北後第一站是桃園青埔站，隨著「高鐵桃園車站特定區」的開發以及60,000名計畫人口的入住，青埔車站特區新市鎮之風貌儼然成形，更與中壢等舊市區連成一片。因此在最低廉之高鐵票價、區域房價等因素的考量下，以台北到桃園青埔站僅十五分鐘車程、房價卻是台北市二分之一的優越條件下，桃園會是高鐵通車後台北人購屋區的另一新選擇，房市可望展開另一波「高鐵行情」。目前該區住宅一坪約170,000元至180,000元。

區域房價（萬元／坪）	投資評等
30-40	★★★★★
17-33	★★★★★
11-15	★★★★
25-31	★★★★

　　至於另一個受惠於高鐵的則屬竹北房市，目前出差頻率最高的台北、新竹段，未來將成為高鐵旅次最高的區段，影響所及，也增加往返台北總公司及竹科工廠的科技界人士，直接在高鐵新竹站置產的意願。據統計，新竹市高科技人士購屋買方佔三成多，竹北地區購屋買方則有六至八成為園區人士，園區從業人員大幅增加，形成房地產市場的重大支撐，目前竹北縣治特區房價每坪約120,000元至150,000元。

　　台中烏日站因為地理位置適中，又居新竹科學園區及台南科技園區的中心位置，園區內高科技員工正是高鐵搭乘使用率最高的族群，未來又將是兩岸直航的重要航點，若場站聯外配套措施趨於完善時，將可吸引南、北科技界人士進駐，有機會掀起台中新一波的購屋及投資熱。在台中4,000,000元就買得到標準三房的電梯大樓住家，在台北市可能連一戶套房都買不起，在台北縣只能買個小兩房住家；而且台中氣候宜人，居住環境品質也好，以台中目前每坪平均140,000元至200,000元的房價看來，未來成長空間值得期待。

高鐵五大車站特定區房市投資評等

高鐵車站	開發主題	站址	開發面積（公頃）
桃園站	巨蛋主題園區、國際會展中心	青埔	490.00
新竹站	網路事務園區、生醫科技城	六家	309.22
台中站	國際採購中心、超大型商場（MEGA MALL）	烏日	273.35
嘉義站	島內休閒度假區、藝術花園城	太保	135.22
台南站	文化休閒中心、生態社區示範城	沙崙	298.91

政府高鐵特定區發展構想計畫

　　根據台灣高鐵局表示，高鐵桃園車站特定區因鄰近桃園國際機場和航空貨運園區，且機場捷運系統與桃園多功能運動休閒園區等重大建設已陸續推動，深具都市發展先機。新竹站因位居科學園區、已開發的縣治2期區、生物醫學園區及璞玉計畫核心區域，又緊鄰國道一號和三號，台鐵內灣支線也將直接設站等優勢，未來將加速周邊發展。台中站區因位居三鐵交會點，並與市中心和科技中心構成黃金三角位置，具備交通運轉優勢。

　　以上三站都具有相當的發展潛力，根據台灣高鐵公司提出的各站區整體開發構想如下：

桃園車站特定區

　　依據桃園地區都市發展型態、相關發展計畫等內容綜理，本開發計畫未來將朝向塑造兼具交通運轉、貨流與資訊交易的地方中心功能，亦即，這個地方中心應具有多功能的

最近主要城市	距離（公里）	計劃人口（人）	投資評等
中壢市	7	60,000	★★★
竹北市	3	45,000	★★★★
台中市	8	23,000	★★★
太保市	3	20,000	★
台南市	12	32,000	★

註：投資評等最高為5顆星

社區服務性質，並兼顧具有中國傳統文化與融合現代科技之人性化生活空間。站區計畫目標應定位於：

1. 為配合推展亞太營運中心之計畫政策，帶動中正國際機場周邊地區共利共榮之原則，建立與航空相互關聯依存的整體發展模式；

2. 搭配中壢、桃園雙子星城之都市發展特性，規劃本站區為多功能且與機場轉運互動之關聯型產業；

3. 開發以觀光購物、休閒娛樂、國際交易、商務辦公為主之複合式生活圈，並期吸引國內外訪客，促進觀光發展，提升消費層次，使桃園車站特定區發展成一座現代化之國際機場門戶城市。

新竹車站特定區

依據新竹地區都市發展型態、相關發展計畫及特定區相關計畫等內容綜理，新竹車站特定區未來應朝向結合鄰近都

市的發展，塑造一個具有交通運轉與理想居住的生活空間，注重鄰里單元活動與公共設施提供，並配合新竹科學城發展提供部分產業用地。由此導入本站區主要之角色定位應為：

1. 配合新竹科學城的發展，結合科學園區、工研院、清大、交大等科技產業及技術人力資源，規劃為國際化科技發展交流門戶；

2. 吸引跨國性高科技產業來台投資設廠，本站區將配合便捷的轉乘服務，扮演全台電子科技資訊中心的功能，並且引進研究、顧問、技術服務等產業，帶動地區特有文化及觀光資源發展；

3. 融合以會議、展示為主的辦公大樓，極舒適的商務休閒設施，開發本區成為傳播通訊高科技商務園區，加速「新竹科學城發展計畫」之目標達成。

台中車站特定區

依據台中地區都市發展型態、相關發展計畫及特定區相關計畫等內容綜理，未來高速鐵路台中站之發展角色定位如下：

1. 本車站位居台中都會區中心，加上多項重大交通建設匯集於此，勢必需要規劃能同時滿足都會人口轉運，又能足以供疏散龐大進出旅客的商旅購物服務功能；

2. 預期本站區伴隨大量人口及產業的成長，以規劃城中城之理念，塑造本區為綜合性之運輸、商務資訊中心；

3. 以開發MEGA MALL之主體，融合舒適的購物環境、四季合

宜的休閒觀光旅遊，及多功能之教育文化設施，建設本區
為高品質之轉運中心及新興商業特區。

嘉義車站特定區

依嘉義地區都市發展型態、相關空間發展計畫等內容綜
理，嘉義站區未來發展定位於：

1. 配合區域、離島工業人口之逐漸進駐，引導加速地區基礎
   建設與規劃良好居住環境，以便捷的轉運服務結合縣治中
   心及太保都市計畫人口，提供舒適的商旅、文化服務，發
   展為嘉義市衛星都市；
2. 以站區開發作為鄰近地區的高層服務機制網絡，促使產業
   升級，吸引企業進駐，整體規劃兼顧地域型的技術密集產
   業及自然的生態遊憩資源；
3. 結合區域內玉山國家公園、阿里山、瑞里、太平等風景
   區，構成阿里山系統生態環境，定位本區為無污染之觀光
   休閒產業，並融合精緻農業技術與特有的鄉土文化，開發
   以休閒機能為主體之觀光遊憩資訊中心。

台南車站特定區

依據台南地區都市發展型態、相關發展計畫及特定區相
關計畫等內容綜理，以及基地發展條件分析未來高速鐵路台
南站區發展定位如下：

1. 以多核心都會發展模式，有效地分散現有過度密集的台南

市生活圈，並預先建設未來台南科技工業區與台南科學園區等人口產業衝擊所需之商業發展，以帶動南部地區產業升級，邁向高科技領域；

2. 建立以科技工業生產功能為主體之需求，透過古蹟保存發展觀光事業，使休閒娛樂化、購物生活化，以加強聚落間之聯繫，帶動地區商業開發；

3. 配合台南都會區生活模式，規劃本區為一多樣化之休閒、娛樂中心，並擴大組合觀光遊憩、消費購物、文化教育及旅遊服務等機能，開發本區為台南新生活圈。

高鐵小檔案：

高鐵營運初期設有台北、板橋、桃園、新竹、台中、嘉義、台南及左營8個站，營運後期再增加南港、苗栗、彰化、雲林4個站。北高直達車（中間不停靠），行駛時間約90分鐘。

購買高鐵屋四大指導原則

1. 有捷運或有捷運規劃之高鐵站優先選擇，其次是有公車可接駁者。因為目前除三鐵共構站以外，高鐵站離市區都有一段距離，所以有捷運或將來有捷運及公車者，可大幅降低整體通勤成本，並降低通勤時間。

2. 以距離高鐵站方圓5公里內為宜。逐捷運而居一般以離站區500公尺方圓內比較適宜，在高鐵時代逐高鐵而居則可放大到方圓5公里以內，適合擁有小型自用交通工具者之購屋選擇。

3. 住家不宜鄰高鐵鐵道。傳統鐵道沿線因為行車噪音，在房屋市場上這類臨鐵道之住家價格不僅不易拉高，轉手也很困難。高鐵經過地區雖然都是高架，但其高分貝噪音還是教人退避三舍，因此不論投資或是自住，還是要避開高鐵路線兩旁，免得將來轉售無門。

4. 注意前後站之差別效應。傳統鐵路設站地區都會形成繁榮的車站商圈，但是明顯的前站與後站的商業氣息有很大的差異，一般是前站優於後站。因此如果要投資高鐵站區商業用地或店面，一定要留意未來是否會形成前後站之差別。辨別的地方是看站區「站前廣場」規劃在何處，免得投資到一個後站冷門商圈，落入要漲漲不上去，要賣又無法獲利的兩難之境。

要捷運屋

1996年3月28日，捷運木柵線正式通車。這是一個具有劃時代意義的時間點，因為從這個時間點開始，台灣正式進入捷運時代，隨後也將台灣帶入逐捷運而居的年代。房地產市場因有捷運的加持，形成一股購屋的新潮流，只要跟捷運搭上邊，不管是住宅或是店面產品，都是跟著水漲船高，買氣與房價都高人一等，成為投資房屋市場的新顯學。

台北捷運路網漸趨完備

經台北市政府及諸多專業工程人員的努力，自木柵線正式通車以來，目前台北捷運系統已完成捷運建設第一階段之木柵線、淡水線、新店線、中和線、南港線、小南門線、板橋線及土城線，合計已通車營運路線共76.6公里，共68個車站，每日平均運量1,100,000人次以上。

目前台北捷運系統經中央政府核定、正進行中之第二階段路網，尚包括內湖線（2009年3月完工）、新莊蘆洲線（2010年12月完工）、南港線東延段（2010年12月完工）、信義線（2012年12月完工）、松山線（2013年12月完工）、桃園國

際機場聯外捷運系統三重至台北市段，及土城線延伸頂埔段等等合計64.4公里，另外包括環狀線第一階段15.6公里。預計2013年完成後，將使捷運路網延長至156.4公里，屆時平常日每日運量可達2,300,000人次以上。

另外規劃中的台北捷運後續路網，包含信義線向東延段、安坑線、三鶯線、萬大─中和─樹林線、社子、士林、北投區域輕軌路網、環狀線第二階段、北市東側地區南北線、民生汐止線及淡海線等等，屆時台北都會區捷運路網總長度將達280公里以上，預計每日運量可達3,600,000人次以上。

高雄捷運預計2007年10月全面營運

高雄捷運是台灣都會區中第二個動工的捷運系統，於2001年發包動工，期間發生過數起工安意外，也在政壇爆發高捷弊案，但其工程進度仍然超過台北捷運之興建速度。2006年底R3至R8車站就開始進行試營運，預計2007年10月全面通車營運後，將全面進入捷運時代。

高雄捷運分紅線與橘線兩條線，全長約42.7公里，共設有38個車站，其中地下車站28站，地面車站2站，高架車站8站。紅線自小港沿海路、漢民路口，沿中山路、博愛路至橋頭站，全長約28.3公里，共設有15個地下車站（含R11高雄火車站），8個高架車站，1個地面車站（R24）。橘線自哈瑪星臨高雄船渠沿中正路至大寮機廠站，全長約14.4公里，共設有13個地下車站，1個地面車站（OT1）。

高雄都會區捷運系統路網圖

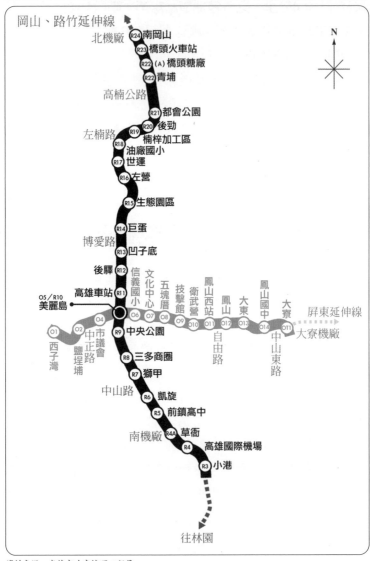

岡山、路竹延伸線

北機廠

R24 南岡山
R23 橋頭火車站
R22 (A) 橋頭糖廠
R22 青埔

高楠公路

R21 都會公園
R20 後勁
R19 楠梓加工區
R18
R17 油廠國小 世運
R16 左營

左楠路

R15 生態園區
R14 巨蛋

博愛路

R13 凹子底
R12 後驛
R11 高雄車站

O5 / R10
美麗島

O1 西子灣
O2 中正路 鹽埕埔
O4 市議會
O6 信義國小
O7 文化中心
O8 五塊厝
O9 技擊館
O10 衛武營
O11 鳳山西站
O12 鳳山
O13 大東
O14 鳳山國中 中山東路
OT1 大寮 大寮機廠

自由路

屏東延伸線

R9 中央公園
R8 三多商圈
R7 獅甲

中山路

R6 凱旋
R5 前鎮高中
R4A 草衙
R4 高雄國際機場

南機廠

R3 小港

往林園

N

資料來源：高雄市政府捷運工程局

台中捷運預計2007年10月動工

據了解，台灣省政府住都處於1998年完成「台中都會區捷運路網細部規劃」，路線分為紅、藍、綠三線共計69.3公里，凍省後此案由交通部高鐵局接手辦理。根據高鐵局表示，考量到台鐵捷運化及台中地區公車輔導等等計畫，經評估研究後高鐵局選擇綠線作為優先路線。行政院於2004年10月11日核定G3（北屯舊社）至G17（高鐵台中站）路線，並更名「烏日文心北屯線」，行政院經濟建設委員會於2004年9月通過新台幣287億元的建設經費，其中中央政府補助140億元，2005年度先行編列1億元作為規劃經費，於2007年10月動工，預定2011年完工。

根據高鐵局的規劃，綠線（烏日文心北屯線）採高架式輕軌設計，共設17個車站及1座機廠，起於北屯松竹路，高架經北屯路、文心路、文心南路、建國北路至高鐵台中站。G1與G2兩站則列入遠期路網中。

由北而南共有17個車站，分別為G3站（松竹路—舊社巷周邊）、G4站（北屯路舊社公園周邊）、G5站（文心路—興安路周邊）、G6站（文心路—崇德路周邊）、G7站（文心路—中清路／大雅路周邊）、G8站（文心路—河南路周邊）、G8a站（文心路—櫻花路周邊）、G9站（文心路—台中港路周邊）、G10站（文心路—大業路周邊）、G10a站（文心路—向上路周邊）、G11站（文心路—五權西路周邊）、G12站（文心南路—文心南五路周邊）、G13站（建國北路大慶車站周邊）、G14站

（建國北路—環中路周邊）、G15站（烏日鄉興華街64巷周邊）、G16站（台鐵烏日站周邊）、G17站（高鐵台中站、台鐵新烏日站與捷運烏日站共站）。

此外，高鐵局另規劃兩條台中都會區捷運路網，紅線起於潭子，行經台鐵台中車站，往南至霧峰、中興新村。其中潭子至台中車站部分由台鐵台中都會區鐵路高架捷運化計畫取代，R10（台中車站）至R23（中興新村）暫列入中期路網。

藍線起於東海大學，沿中港路至台中車站後轉太平路進入太平市至東平國小附近。其中B1（東海大學）至B9（台中車站）擬改採公車捷運系統（BRT），B10（台中市）至B14（太平市）暫列入遠期路網中。

台中都會區大眾捷運系統烏日文心北屯線示意圖

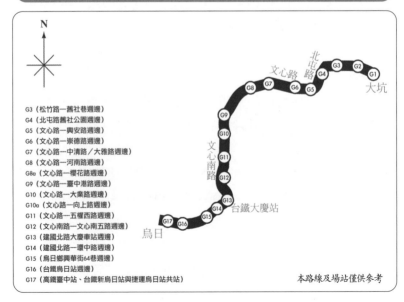

G3（松竹路—舊社巷週邊）
G4（北屯路舊社公園週邊）
G5（文心路—興安路週邊）
G6（文心路—崇德路週邊）
G7（文心路—中清路／大雅路週邊）
G8（文心路—河南路週邊）
G8a（文心路—櫻花路週邊）
G9（文心路—臺中港路週邊）
G10（文心路—大業路週邊）
G10a（文心路—向上路週邊）
G11（文心路—五權西路週邊）
G12（文心南路—文心南五路週邊）
G13（建國北路大慶車站週邊）
G14（建國北路—環中路週邊）
G15（烏日鄉興華街64巷週邊）
G16（台鐵烏日站週邊）
G17（高鐵臺中站、台鐵新烏日站與捷運烏日站共站）

本路線及場站僅供參考

機場捷運線2010年完工

機場捷運的概念其實源自日本，東京成田機場的Narita Express早就通車多年，肩負市區與機場運輸的重責大任。未來台灣的桃園國際機場捷運完工通車後，旅客進出國門就不必怕高速公路塞車，時間容易掌握，且可在市區辦理登機手續並託運行李，然後搭乘捷運到機場報到，便捷又舒適。機場捷運不僅國人受惠，外國旅客更是最大受益者，所有旅客皆可輕鬆抵達台北。此外，機場捷運中途還可在五股工業區站轉捷運環狀線，快速連接台北縣各大縣轄市，再進入四通八達的大台北捷運路網，這對觀光產業也是一大利多。

機場捷運在台北縣境設有三重、五股工業區、泰山、丹鳳及林口五個車站，除了民眾進出國門不必再擔心塞車，坐捷運即輕鬆抵達，而且捷運經過的地區，其土地價值勢必也將水漲船高。房仲業者分析，機場線經過的地區，除三重後埔地區、新莊頭前、新莊丹鳳住宅市場發展較為成熟外，目前沿途多是有待政府推動的重劃區，如新莊副都心、頭前工業區、泰山塭子圳、十八甲重劃區、林口新市鎮等等。有了機場捷運後，原本生活機能不足、交通條件不便的（工業區……）問題將迎刃而解，有機會複製「捷運概念、住宅大賣」的成功公式，成為台北人「逐捷運而居」的購屋新選擇。

捷運屋增值四部曲

從國內外捷運興建的經驗來看，投資捷運屋並不一定有

漲無跌，特別是在路線還在游移變動不居之時，沿線房屋價格也可能跟著大幅變動，所以投入捷運屋的時間點非常重要，而一般有所謂的捷運屋增值四部曲。

首部曲：房價漲跌難料

　　當政府決定在某都會區興建捷運系統，此時規劃機關奉命開始研究捷運興建路線，任何被點名「可能」路線經過的地方，房價便開始蠢動，特別是預售屋個案，更是會拿捷運為賣點來炒作，出現明顯高出區域行情的售價。不過因為路線未最後拍板定案，一旦其間路線從A線改到B線，A線房價很可能就又回跌，換B線開始另一波炒作。所以首部曲可以說是研究期，也可以說是政策不確定期，民眾千萬不要隨著市場起舞，這時候還是該冷靜以對，等到政府正式對外宣布最後定案路線，再進場也不遲。

二部曲：房價上漲確立

　　捷運屋增值二部曲是指路線定案期。進入此一階段，一

捷運增值四部曲及購屋注意事項

捷運增值四部曲	工程進度	市場變化
首部曲	路線研議階段	房價漲跌隨消息面
二部曲	路線定案階段	房價起漲
三部曲	施工期	房價回跌、盤整
末部曲	完工期	房價補漲

資料來源：作者整理

般來說捷運路線再改變的機會不大，此時房地產業者若拉抬房價，市場的接受度會比較高，所以房價可以有較大一波的漲幅。此時民眾逢低介入卡位捷運屋，要注意房價是否被炒得過高，也就是說，要小心房價是不是將未來完工後的漲幅都提前反映了，如果是這種情形，就表示購屋者不是提早卡位，而是提早被套牢。最明顯的例子就是台北淡水線，當年淡水地區預售推案提前反映捷運利多，不但推案量達到巔峰，也將當地房價拉抬到歷史新高，以至於淡水房價在捷運完工後出現「利多出盡」的情形，經過一段時間房價都回不到當初的歷史價位。

三部曲：房價普遍拉回盤整

此時進入施工期，也就是說捷運沿線開始進入交通黑暗期，所以沿線房市一般的反應是：短暫的開工慶祝行情後，房價馬上進入施工期拉回及盤整階段。最明顯的就是南港線、新店線施工期間，由於車道縮減，交通嚴重壅塞，房價無力上揚，特別是1樓的店面，

購屋注意事項
路線未定之風險
房價過度反應、勿過度擴張信用
工程意外及延宕
房價合理性、基本租金報酬

因為人潮嚴重受阻，無人潮就無錢潮，這些店面所受影響更大，甚至有不少店家因而關門大吉。這之中只有內湖捷運線是明顯的例外，因為內湖線施工期間，剛好趕上整體房市復甦，加上內湖科技園區及南港軟體園區持續開發，帶進擁有高所得的科技新貴及中產階級，使得內湖房價在捷運施工期間不跌反漲！

這個階段，民眾購買捷運屋就要注意工程期風險，一來因房價可能拉回，要避免信用過度擴張，最好以自有資金介入比較保險；二來是工程期間常常有工程意外（不論北高都一樣），除確保自身投資標的屋不要受到工程影響外，還要將工程意外可能拉長的施工期併入投資決策當中。

末部曲：房價進入補漲期

從捷運完工通車前半年，捷運屋開始進入增值末部曲，這時候捷運硬體工程都已經完成，沿線有施工圍籬的都完全撤除，只剩下機電設施以及實地運轉測試了，所以房價開始出現補漲行情。一旦正式通車後，更是補漲行情全面啟動期，投資捷運屋也開始進入收割期。這就是所謂的「工程結束期」、「房價起漲期」。若捷運站本身就有既成商圈，或是捷運通車後形成新捷運商圈，則店面價格就更值得期待，會出現「持有愈久、漲得愈多」的情形。不過民眾若是這時才要進場，就要注意房價的合理性及基本的租金報酬率，免得被套牢在最高點。

捷運屋投資必勝十大要訣

投資購買捷運屋除了要掌握介
入時間點之外,更要了解一些必勝的
投資要訣。根據市場經驗,可以歸納
出以下十大必勝要訣,想要投資不敗
者務必要記得此十條發財口訣。

一、店面以捷運站出口200公尺內為宜

捷運帶來人潮,人潮帶來錢潮,因此捷運店面成為很多
投資客的最愛。不過並不是「靠近」捷運站的店面都能為投
資者帶來滾滾財源,還要看該店面與捷運「靠」得多近,還
要「靠」對地方。根據市場實際觀察以及消費者逛街的習
性,捷運店面最好以離捷運站200公尺以內為宜,超過200公
尺,愈遠人潮就愈少,商機也相形減弱。此外,還要仔細觀
察捷運站出口與人潮動線,如果店面與捷運出口及人潮移動
方向相反,即使離捷運站再近,也不是會生金雞蛋的店面金
雞母。

二、住家以站區方圓500公尺內最佳

捷運快速、舒適、便捷,不會塞車,已是現代人最佳的
交通工具,特別是在進入高油價時代,居家就在捷運站可及
範圍內,不僅可以省下買車位的錢,還可省下長期可觀的養
車錢,成為很多家庭的最愛。從國內外捷運與住宅的關係來

看，住家以離捷運站區方圓500公尺以內、步行10分鐘內最理想。當然現代人鮮少運動，加上日漸濃厚的環保觀念，住宅與捷運站的理想距離有拉長的趨勢，有些人甚至可接受1,000公尺以內的距離，只是在此特別建議要注意路上的安全問題。

三、住家不宜面對高架捷運

逐捷運而居，是很多人購屋的最高指導原則，但除了要注意住家以站區方圓500公尺內的原則外，如果選擇高架捷運附近的地區，住家就不宜直接面對高架捷運。一來是私密性最差，除非整日拉上窗簾，否則家中一切會是一覽無遺；二來捷運行車之噪音，會嚴重影響居住品質，也可能降低未來房屋的轉手性。

四、首選三鐵共構站

就如十要之一所提到的，三鐵共構站既可滿足短程交通之方便性，又可兼顧長程交通的需求性；所以在經濟能力範圍內，就所有捷運站而言，要投資或自住，還是以三鐵共構站為首選。

五、雙捷運站便捷與增值雙效

雙捷運站是指兩條捷運線在此交會，其對當地房地產市場的推動，當然強過於只是單一的捷運站，只是其力道與三

鐵站比起來，還是稍遜色一點。目前台北捷運已通車路線中，只有台北車站、忠孝復興站及古亭站是屬於雙捷運站，但台北車站本身就是三鐵站，所以只能算2個，不過在第二階段路網完工後，台北捷運路網中就會再多出南港展覽館站、南京東路站、松江南京站、民權西路站、中山站、忠孝新生站、大安站、東門站、西門站、中正紀念堂站、大坪林站、景安站、板橋站（亦是三鐵站）、新埔站、頭前庄站、五股工業區站及三重站17個雙捷運交會站。當然還有南台灣的高雄捷運美麗島站，都是具有雙效的便捷性與增值性，是自住及投資兩相宜的地段。

在屬於台北市市中心的雙捷運交會站中，現階段以新莊線與淡水線交會的民權西路站房價相對便宜，公寓成交單價在每坪250,000元至270,000元，電梯大樓則在每坪300,000元至400,000元之間，預料新莊（蘆洲）線完工通車後，房價還有上漲的空間。

在屬於台北市郊區的雙捷運交會站中，則以南港線與內湖線交會的南港展覽館站，最被市場看好，未來賣相也最佳。由於南港展覽館站前往南港經貿園區或是內科園區上班，通勤時間短，即使到南京商圈、信義計畫區等地上班或前往華納威秀商圈及美麗華購物也都很便利，再加上未來三鐵共構的南港車站近在咫尺，是「新東區」最具未來潛力的雙捷運交會站。該區公寓每坪230,000元至260,000元，電梯大樓行情約270,000元至290,000元，未來爆發力十足。

北高捷運路網雙捷運交會站及房價行情

台北市境內

捷運站名	交會捷運線	公寓房價 (萬元／坪)	大樓房價 (萬元／坪)
忠孝復興站	木柵線、南港線	35-45	45-55
古亭站	中和線、新店線	33-38	40-45
南港展覽館站	內湖線、南港線	23-26	27-29
南京東路站	木柵線、松山線	27-32	33-41
松江南京站	松山線、新莊線	26-31	33-42
民權西路站	淡水線、新莊線	25~27	30~40
中山站	淡水線、松山線	26-28	32-38
忠孝新生站	南港線、新莊線	33-40	45-54
大安站	木柵線、信義線	37-44	46-56
東門站	新莊線、信義線	44-48	50-58
西門站	南港線、松山線	21-25	26-33
中正紀念堂站	新店線、信義線	33-37	41-52

台北縣境內

捷運站名	交會捷運線	公寓房價 (萬元／坪)	大樓房價 (萬元／坪)
大坪林站	新店線、環狀線	24-30	31-36
景安站	中和線、環狀線	20-25	24-28
新埔站	板橋線、環狀線	21-24	25-30
頭前庄站	新莊線、環狀線	18-21	21-24
五股工業區站	機場線、環狀線	16-19	20-23
三重站	新莊線、機場線	16-20	22-28

高雄市境內

捷運站名	交會捷運線	公寓房價 (萬元／坪)	大樓房價 (萬元／坪)
美麗島站	橘線、紅線	10-11	12-16

註：房價係指附近中古屋參考價；投資評等最高為5顆星

六、末端站效應不容小覷

捷運末端站雖然位居捷運之最尾端，離市中心也最遠，但因末端站可吸引周邊尚無捷運可到之地的民眾，或靠接駁公車或自用交通工具來搭捷運者，往往會形成當地人潮匯集的捷運站商圈。典型例子是土城線的永寧站，該站除可吸納樹林、鶯歌等地居民搭乘外，目前三峽地區的大型社區也都備有交通車直通永寧站，讓住戶可利用捷運進到台北市區內上班。

在台北捷運路網當中，共有淡水站、南港展覽館站、松山站、象山站、動物園站、新店站、南勢角站、永寧站、迴龍站、蘆洲站等捷運末端站。在高雄捷運路網當中，則有小港站、西子灣站、南岡山站及大寮站，屬於捷運末端站。目前不論台北捷運或高雄捷運已通車或將通車之捷運末端站，附近房價都比市區內低很多，但通勤時間卻增加不多，票價也增加有限，在房價相對具吸引力情況下，特別適合首購族優先選擇。

購買捷運末端站捷運屋，要特別注意其末端站地位是否改變，一旦改變，當地房價，特別是店面效應會跟著轉弱。例如

投資評等
★★★★★
★★★★
★★★★★
★★★
★★★
★★★★
★★★★
★★★★
★★★★
★★★★

投資評等
★★★★★
★★★★
★★★★
★★★
★★★
★★★★★

投資評等
★★★★★

北高捷運路網末端交會站及房價行情

台北捷運路網

捷運站名	捷運線	公寓房價 (萬元／坪)	大樓房價 (萬元／坪)
淡水站	淡水線	16-18	19-26
南港展覽館站	內湖線、南港線	23-26	27-29
松山站	松山線	23-27	28-36
象山站	信義線	27-33	42-56
動物園站	木柵線	24-28	28-34
新店站	新店線	20-24	25-29
南勢角站	中和線	16-18	16-21
永寧站	土城線	11-15	14-17
迴龍站	新莊線	11-15	13-17
蘆洲站	新莊線蘆洲支線	14-17	17-21

高雄捷運路網

捷運站名	捷運線	公寓房價 (萬元／坪)	大樓房價 (萬元／坪)
小港站	紅線	6-8	7-10
西子灣站	橘線	6-8	7-10
南岡山站	紅線	4-6	7-9
大寮站	橘線	4-6	7-9

註：房價係指附近中古屋參考價；投資評等最高為5顆星

在土城線還未完工之前，原板土線是通車到新埔站，所以新埔站具有末端站之角色及效應，但是2005年5月土城線通車後，末端站就轉移到永寧站，新埔站周邊的店面失色不少。未來土城線還會延伸到頂埔工業區，永寧站目前末端站的地位恐也會被取代。

七、百貨商圈站生活機能十足

百貨商圈原本就屬區域內商業活動最活躍的地方，若又有捷運站的加持，該商圈當會更加成熟、擴大，生活機能自然更趨完備。在台北捷運路網當中，知名的百貨商圈捷運站有台北車站、忠孝復興站、南京東路站、劍南路站、內湖站、頂溪站、中山站、西門站、忠孝敦化站、市政府站、板橋站等；在高雄捷運路網當中，為三多商圈站。

八、聯合開發站(共構站)到站到家

「到站就到家」，捷運就在你家樓下，幾乎是近年來所有聯合開發站（捷運共構）預售案共同的訴求，同樣佔有地利之便的「捷運分構」住宅也同樣深受購屋族的青睞。一般民眾或許會看得「霧煞煞」，到底要如何區分捷運「共構」和「分構」住宅呢？基本上「捷運共（分）構」大樓乃是建商與捷運站聯合開發的產物，有的與捷運站體一起興建、不同出入口的「共構」模式，也有採建物分開興建的「分構」模式。

投資評等
★★★
★★★★★
★★★★
★★★
★★
★★★★
★★★
★★★
★★★
★★★

投資評等
★★
★★★
★★
★★

台北捷運線（已通車）將釋出之大型聯合開發案

台北捷運路網		
聯開案	位置	基地坪數（樓地板坪數）
小碧潭站	新店環河路、中央路	27,424（91,483）
南港機場	忠孝東路、向陽路口	23,841（59,959）
南勢角站	中和興南路、和平街口	7,600（29,504）
交九轉運站	市民大道、承德路口	6,466（64,773）
木柵站	木柵路、軍功路口	4,311（10,823）
C1基地	鄭州路、重慶南路口	3,956（40,588）
關渡站	中央北路、大度路	2,477（9,551）
辛亥站	辛亥路、萬美街口	1,363（1,722）

註：大型聯合開發案係指基地面積達1,000坪以上者

　　根據預售市場調查，2003年以來，所有與捷運聯合開發的預售個案幾乎都是百分百銷售，銷售表現遠優於市場平均水準，銷售數字證明，「捷運共（分）構」產品確實是房市的當紅炸子雞，其好處當然是生活機能強、交通便利，還可省下買車、買車位的錢。

　　但捷運聯合開發也有它的缺點，例如結構、消防安全普遍較為人詬病，大廳出入口與捷運站相鄰也較無隱私性。此外，有人認為捷運在住家地下跑，對風水恐也有影響。

九、轉運站廣納四方財

　　在諸多捷運站當中，除了三鐵站、雙捷運交會站、百貨商圈站及末端站等較強勢車站外，還有一類叫轉運站，其功

用途	投資人	預定完工日期	附近房價（萬元／坪）
住宅、商場、辦公室	日勝生活科技	2014.4.30	18-24
住宅、零售、辦公室	未定	2011.8.31	19-28
住宅、商場、事務所	永富開發	2011.9.28	16-21
住宅、商場、辦公室、旅館	萬達通實業	2008.12.31	30-38
住宅、商場	原地主	2009.10.31	19-25
商場、旅館、辦公室	未定	2008.9.30	31-38
零售、事務所	永富開發	2009.11.30	18-24
零售、辦公室	未定	2010.9.15	19-28

資料來源：台北市捷運工程局

能與角色與末端站較接近，都是具有接駁及轉運功能，可廣納各方的人流、物流及金流。像是淡水線上的士林站，由於有多線公車匯集於此，因此成為很多蘆洲人及陽明山上住戶轉運入市區的重要車站；新店線上的公館站也具有類似的功能，因為很多中永和居民會搭公車到公館，再轉捷運到其目的地。這類具有轉運功能之捷運站還有新北投站、石牌站、木柵高工站、景美站等，也是投資者可注意的捷運站。

十、捷運地下商場對捷運屋不會加分

在目前的捷運系統中，與捷運車站連結的地下街或商場有：（一）中山地下街：雙連站—中山站（淡水線）；（二）東區地下街：忠孝復興站—忠孝敦化站（板南線）；（三）

站前地下街：捷運台北車站西側、忠孝西路下方（板南線）；（四）台北地下街：捷運台北車站西北側、鄭州路／市民大道下方；（五）台北新世界購物中心：台鐵與捷運台北車站間的地下空間（站前廣場地下）；（六）龍山寺地下街、龍山商場：龍山寺站南北兩側（板南線）。

　　從這些地下街營運的狀況來看，就知道地下街的營運不容易，所以預期這些地下街之營運對地上捷運屋有帶動作用，是不切實際的。以最近（2007年）中山地下街的書市結束營業就可想而知。因此要判斷捷運屋之保值或增值程度，還是以地面商場或商圈之商業活動力較為實在。

台北捷運通車一覽表

年份	日期	路線	區間
1996	3月28日	■木柵線	中山國中—動物園
1997	3月28日	■淡水線	淡水—中山
		■新北投支線	新北投—北投
	12月25日	■淡水線	中山—台北車站
1998	12月24日	■淡水線	台北車站—中正紀念堂
		■新店線	中正紀念堂—古亭
		■中和線	古亭—南勢角
1999	11月11日	■新店線	古亭—新店
	12月24日	■南港線	市政府—西門
		■板橋線	西門—龍山寺
2000	8月31日	■板橋線	龍山寺—新埔
		■新店線（小南門線區間）	西門—中正紀念堂
	12月30日	■南港線	昆陽—市政府
2004	9月29日	■小碧潭支線	七張—小碧潭
2006	5月31日	■板橋線	新埔—府中
		■土城線	府中—永寧
2009	3月	■南港線東延段	昆陽—南港展覽館
	6月	■內湖線	中山國中—南港展覽館
2010	12月	■新莊線蘆洲支線	蘆洲—台北橋
2011	1月	■新莊線	迴龍—古亭
		■信義線	象山—中正紀念堂
		■機場線	桃園航站—台北車站
2015		■松山線	西門—松山車站

資料來源：台北市捷運工程局

規劃中的捷運線則包括：（尚未定案）

一、淡海線：自捷運淡水線之紅樹林站—北淡公路（台二線）
　　—登輝大道—淡海新市鎮—沙崙路—聖約翰科技大學。
　　路線全長約10.8公里，計劃設6個車站。

二、三鶯線：土城頂埔站—三峽—鶯歌—桃園縣八德市—桃
　　園之捷運棕線銜接。路線全長18.6公里，共設14站。

三、安坑線：安坑—新店—十四張地區與環狀線銜接。路線
　　全長約7.8公里。

四、萬大線：捷運中正紀念堂站—和平西路—西藏路—萬大
　　路—永和—中和—樹林—捷運新莊線迴龍站。長度約22.1
　　公里，共設22個車站（8個地下車站、14個高架車站）。

五、社子線：

　　◎ 東西線：由社子島北側跨越基隆河—北投士林科技園
　　　區—淡水線芝山站—天母運動公園。全長約8.8公里，
　　　設11個車站。

　　◎ 南北線：由捷運淡水線北投車站—關渡—北投士林科
　　　技園區左轉與東西線共軌後—承德路—重慶北路—民
　　　權西路—銜接捷運新莊線大橋國小站。全長約9.1公
　　　里，設10個車站。

六、環狀線：自木柵線動物園站—新店—中和—板橋—新莊
　　—五股—三重—士林—內湖。全長34.8公里，共設31個
　　站。

七、民生汐止線：自淡水線雙連站—捷運新莊線（松江路）、

木柵線（復興北路）—內湖重劃區新湖一路與南北線進行轉乘—沿成功路轉民權東路—安康路228巷、潭美街—中興路—台鐵捷運化汐科園區站轉乘—汐止。總長度約16.27公里，設置13個車站，含地下車站7個，高架車站6個。

八、土城線延伸頂埔：自捷運土城線永寧站—沿中央路三、四段—頂埔高科技園區路線長度約2公里。

九、信義線東延段：接續捷運信義線象山站—沿信義路六段—福德街廣慈博愛院—中坡南路至玉成公園止。路線總長度約1.54公里，設置2個地下車站。

十、東側南北向捷運線：自內湖線劍南站—瑞光路、新湖一路後過基隆河接至健康路，轉向光復北路、光復南路、基隆路、辛亥路、新生南路、思源路—永和—中和。路線全長約17公里，設置16個車站。

註：爲加速整合台北縣市完整捷運路網架構，台北市捷運局最近調整了施工計畫，將北市東側地區南北線及北縣境內的環狀線西環段，列爲第一優先推動路網，並著手環狀線南、北環段規劃，以串連台北縣市的環狀捷運路網，預定在2014至2017年陸續完工通車。環狀路網長約52公里，路線完成後，從最東端的動物園站順時針方向將可與木柵線、新店線、安坑線、中和線、萬大—中和—樹林線、板橋線、新莊線、桃園國際機場線、蘆洲線、社子、士林、北投區域輕軌路網、淡水線、內湖線、民生汐止線、南港線等等14條路線相交轉乘，讓民眾可以快速地往來台北縣市。總括來說，台北捷運路網目前有76.5公里，每日運量達百萬人次，預估2012年底，路網全長將倍數成長達139.3公里，每日運量可達2,300,000人次，到2021年捷運路網總長將達250公里以上。

要知房市未來增值潛力區

現在想買房子的人，心中大概都會問一句話：「哪些地方未來還有增值空間？」因為不管是自住還是投資，所有的人都不希望自己「買在最高點」，相對的，即使不能「買在最低點」，但至少購入的房子未來還有漲升的空間。因此，如何知道未來房市的增值潛力區就顯得非常重要了！

在房地產市場上有一句名言，那就是「環境形塑房價」，也就是說，好的環境造就出高人一等的房屋價值，反之亦然。然而「好的環境」何處尋呢？說實在的，來自於天造地設大自然的並不多，主要是來自於後天的建設與「加值」。目前各地房價都不斷上漲，哪些地方未來具有持續增值的空間和潛力，只要沿著政府或民間重大建設之藍圖來按圖索驥，應該就不會錯了！

北中南增值潛力區

環顧全台主要都會地區，以及政府與民間將投入更多資源與資金之計畫來看，未來三至五年內區域內房市具有持續

上漲空間者，在大台北地區有信義計畫區、大直大彎重劃區、南港經貿園區、新板特區、新莊副都心、新店裕隆廠開發案、台北大學城特區等；在桃竹地區有桃園中正特區、新竹縣治特區及六家高鐵特區；中部有台中7期重劃區、美術綠園道周邊；南部有台南5期重劃區、高雄農16捷運站區、美術館特區、左營新站特區等。

這些受到矚目的增值潛力區擁有以下幾項共同特色：全新規劃之重劃區、新市政或縣政中心進駐、重大交通建設匯集、擁有景觀及優質公共設施，有的地區更是融合上述二、三項特色於一身，當然其身價就更是高人一等。未來隨著區內發展愈來愈趨成熟，利多一一實現後，當地房價也必然有更上一層樓的機會。

信義計畫區示範效應

在台灣有重劃區規劃，並不是從信義計畫區開始，但信義計畫區卻是第一個進行住商分離與都市設計審議，最嚴格也最成功的例子，所以全台各地很多後期開發的優質重劃區，都會以「桃園之信義計畫區」、「台中之信義計畫區」、「高雄之信義計畫區」來形容該重劃區發展之潛力與前景，信義計畫區廣受各方看好之程度可見一斑！

近幾年來台北市發展的重心往東移，是大家有目共睹的事實，許多的官方及民間之建設與投資都源源不絕的往東區投入，在如此大力「加值」之下，信義計畫區與南港經貿園

區無庸置疑是兩顆最閃亮的明星，其中信義計畫區更是集萬千寵愛於一身，國內服務業前十強沒有一家敢在信義計畫區缺席。該地不僅是國內百貨公司的最大競技場，更是未來國際金融重鎮，這裡簡直就是Friedmann 和Sassen 所形容的一座「世界城市」。

此外，信義計畫區也有像紐約上西城一般，聚集著台北數量最多的豪華住宅。有如此的環境形塑，台北市，或可說是台灣，未來地價最高的地王絕對不會在台北火車站前，而是在信義計畫區；將來全國最高的房價也不會是在仁愛路、敦化南北路上，而是在信義計畫區。現在區內之房價，絕對不會是最高價，未來隨著該座「世界城市」打造完成，信義計畫區內的豪宅價格，一定也會具有與國際都市一樣的水準。

南港經貿園區也是台北東區之延伸，該區除了複製信義計畫區之世貿展覽館、五星級大飯店外，還有磁吸效應的軟體科學園區，在交通上更有三鐵共構之利多，但相對於信義計畫區之高房價，該區的房價顯然更具有親和力，所以在建商積極搶進、區內傳統產業業者亟欲轉型的情況下，南

港經貿園區應會對整個南港區起「麻雀變鳳凰」的效應，房市後市值得期待。

在台北市政府的規劃之下，南港經貿園區、內湖科技園區及北投士林科技園區將形成一個大型的「台北科技走廊」，而在內湖科技園區及北投士林科技園區之間就有一塊閃閃發光的區塊，那就是以美麗華摩天輪商圈為核心的大直大彎重劃區，在前有內湖高所得購屋需求之挹注，後有北投士林換屋客源的支撐下，該區塊房價漲勢十分凌厲，未來行情仍不容小覷！

三鐵共構鼎足，撐起房市半邊天

在南港區域發展中，很多人都期待台鐵、高鐵及捷運匯集的「三鐵共構」帶動效應，但國內第一個完成「三鐵共構」的地方應屬新板特定區，未來環狀捷運線也將在此交會，形成罕見的「四鐵共構」優越環境。近兩年板新特區內預售個案行情已經拉升到四字頭以上，已經超過北市南港，追平內湖房價，因而有人認為這是不合理的現象，但以其北縣交通樞紐的地位，加上縣府已進駐，未來民間購物中心開發完成，該區房價應該有機會站上五字頭，周邊房價也將水漲船高。

至於還可能受惠於「三鐵共構」的是台中烏日站及高雄左營新站。烏日站將來「三鐵共構」完成，一般預期受惠最大的會是台中市的西屯南屯等區。所以較值得一提的是左營

新站，由於這是一個全新的「三鐵共構」車站，也是南台灣唯一的一個「三鐵共構」站，在如此強大交通動能帶動下，一定會形成一個全新的車站商圈，對商業活動及房地產都會產生前所未有的巨大商機。目前大型百貨業者已經捷足先登紛紛搶佔，未來周邊不動產當然也都將產生連動上升走勢。

此外，在台北縣境內，除了新板特區，最受大家期待的莫過於重劃中的「新莊副都心」及如火如荼開發中的台北大學城特區。在台北市及周邊衛星城市發展日趨飽和的情況下，台北縣陸續開發出一些大型的重劃區，以紓解都會區日益惡化的公共設施，於是在擁有台一線高架、特二號道路、東西向快速道路、新莊捷運線、機場捷運及環狀線捷運線等交通匯集之絕佳交通條件下，「新莊副都心」及相鄰的「頭前重劃區」陸續規劃定案，預期開發後將成為台北都會區西部之副都會中心，大大提升台北縣服務業之水準，減少對台北市中心之依賴，並與新板站特定區的機能相輔相成，成為台北縣大漢溪兩岸的「雙子城」。預計2007年該區開放開發後，將會是台北縣最大的預售推案戰場，而在周邊就業機會及廣大人口居住需求支撐下，房價仍可逐步往上走高。

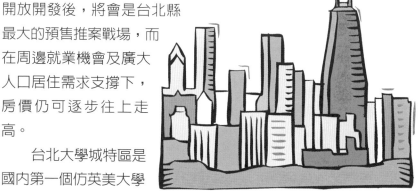

台北大學城特區是國內第一個仿英美大學

城發展而規劃之全新重劃區，雖然它離市中心較遠為人所詬病，但基本上其規劃之初就是希望以北大為引擎，帶動整個區域之繁榮。以目前的發展來看，民間建築業者之腳步明顯快過大學進駐之速度，所以短期內可能會面臨區域內供給過大、消化不良之窘境，但只要北大全部搬遷到特區內，整個區域房價還是可以期待出現高點。

新市（縣）政中心是區域繁榮領頭羊

　　除了台北信義計畫區因有市政府的進駐加速區域之開發外，新板特區及竹北縣治特區也都有同樣的效應，後者更因與六家高鐵特區連成一氣，發展潛力也廣受各方看好。未來台中7期重劃區、台南5期及高雄農16也都是新市政中心所在地，所以房市前景也不容忽視，更何況台中7期早就是台中高級住宅之代名詞，加上百貨、購物中心群聚，加上未來捷運線之加持，都讓人對7期房價充滿期待；高雄農16除了新市中心外，也有捷運線及高雄巨蛋等重要建設來形塑區域房價。

　　當然，像台中美術館綠園道及高雄美術館特區，都具有都會中綠色景觀之優越條件，再者，美術館及文化中心這類都是「氣質型」之公共設施，在房市中更具稀有性，所以這類房子及房價從北到南都不會寂寞。因此想要在茫茫房市當中找到跌時抗跌、漲時先漲的標的，循著上述市場特色及其交會出之區域，應該就會是市場贏家！

大台北房市未來增值潛力區			
潛力區	推薦路段	推薦原因	路段行情 (萬元／坪)
信義計畫區	松勇路 松信路 松勤路 松智路 松仁路	市政中心、百貨購物休閒中心、新金融中心、豪宅匯聚、世界第一高樓之地標、台灣最具國際都會的代表	46-75
大直大彎重劃區	樂群一路 敬業一路 敬業二路 明水路	美麗華購物中心、愛買量販店，鄰近商業娛樂中心及內湖科技園區、基隆河面河景觀、濱江中小學、捷運內湖線	35-60
南港經貿園區	南港路 三重路 重陽路	南港軟體工業園區、世貿二館、五星級大飯店、捷運內湖線與南港線交會、北宜高速公路起點	25-32
新板特區及周邊	中山路一段 文化路 縣民大道 漢生東路	三鐵共構及北部公路客運的樞紐、縣政中心、遠東百貨FE21等購物商業中心	20-33
新莊副都心	中原路 思源路 中山路 幸福路	機場及環狀捷運線、東西向快速道路、特二號道路	16-20
台北大學城特定區	三樹路 佳園路 復興街	國立台北大學進駐、捷運三鶯線、北二高	11-14
新店裕隆廠開發案	中興路 寶橋路 寶中路	汽車生活城、家樂福、特力屋、北二高新店交流道	25-33

桃竹中南高房市未來增值潛力區			
潛力區	推薦路段	推薦原因	路段行情 (萬元／坪)
桃園 中正特區	中正路、南平路、大興西路、同德五、六街	藝術、文化、展覽與表演中心、中山高、東西向快速道路、桃園國際機場	10-13
新竹 竹北縣治特區	光明六路、光明三路、縣政二、三街	高鐵六家站通車、新竹生醫科學園區、縣政府所在地	10-14
台中市 7期重劃區	市政北一路、惠中路、河南路、文心路、惠來路	新市政中心、國家音樂廳、鄰近新光三越、近中科園區、衣蝶、老虎城等百貨購物中心	16-22
經國綠園道周邊	經國綠園道、向上路、模範街	市立文化中心、國立美術館、市民廣場、科博館、SOGO商圈	14-21
台南市 5期重劃區	健康路、永華路、國平路	新市政中心、國道八號台南支線至西濱公路、建築設計審議建築品質較高	7-10
高雄市 農16捷運紅線R13站	博愛二路、明誠三路、大順一路	高雄市政府計畫遷入、龍華國小、捷運紅線R13出口、鄰近高雄巨蛋	11-14
內惟埤文化園區美術館特區	甘肅路、青海路、美術館路	大公園綠地、美術公園、近市立聯合醫院	15-22
左營新站特區	鳥松路、重平路、重信路	三鐵共構、新車站商圈、南台灣交通樞紐	10-14

要樂活居

　　「樂活」（LOHAS）是當前全球正在蔓延的一種生活態度
──關心自已、關心家人，也關心我們居住的環境。當然這
一全球性的環保及居家新觀念，近幾年來也傳進國內房屋市
場，所以在預售屋及新成屋市場上都可看到打出「樂活居」
的建築個案。只是在愈來愈多樂活居出現的同時，一般民眾
可能都有一個共同疑惑，那就是：什麼是「樂活居」？「樂
活居」與傳統住宅有什麼差別呢？自己是否有必要買一間
「樂活居」呢？

　　根據網路維基百科（http://zh.wikipedia.org/）的解釋，
樂活又稱樂活生活、洛哈思主義，是一個西方傳來的新興生
活型態或族群，由音譯LOHAS而來。　LOHAS是英語
Lifestyles of Health and Sustainability的縮寫，意為持續性
的以健康的方式過生活。此名詞最早出現在1998年的書籍
《The Cultural Creatives：How 50 Million People are
Changing the World》，作者是美國社會學家保羅・雷（Paul
Ray），書中對LOHAS族的定義為：「一群人在做消費決策
時，會考慮到自己與家人的健康和環境責任。」據估計這一
族群的潛在市場，在美國就達到2,289億美金。樂活族的特色

是身體力行他們關心的環保議題，只消費對身心健康有益、不會污染環境的商品，同時也鼓勵大家改變消費態度；在做消費決策時，會考慮到自己與家人的健康和環境責任。

多數樂活族的生活價值觀和下列議題有關：

☆ 健康　　　　　　☆ 個人發展
☆ 環境　　　　　　☆ 適可而止的生活態度
☆ 社會問題

或許是為了附庸風雅，或許是為了增加個案的賣點，國內房屋市場近幾年來也興起一股樂活居（LOHAS house）的風潮，但不管是不是真的符合樂活的要求及條件，我們要問的是：究竟什麼樣的房子才可叫做樂活居呢？基本上，要符合樂活基本的健康及環保理念的住宅才可以稱為樂活居，簡單的說，樂活居與一般住宅的最大差別在於，除了居住安身的功能之外，它還須提升一個家庭的居住品質及生活品味，所以就國內外房屋市場的發展來看，目前有公園住宅、溫泉住宅、綠建築及健康住宅，以上皆符合樂活居之觀念及條件，所以有資格稱為「樂活居」。

公園住宅

公園、綠地一向被視為是淨化都市空氣的「都市之肺」，公園周邊住宅，特別是可一覽公園綠意的公園住宅，其房價

不僅高人一等，保值及增值也都優於一般區域的非公園住宅。公園、綠地周邊的公園住宅之所以迷人，在於它提供了一般都市住宅社區最缺乏的活動空間，加上綠色植物還有隔音、降溫、濾塵、淨化空氣的功能，因此符合樂活居的健康概念。此外，公園住宅擁有較大的公園與綠地，房子與房子之間的棟距較大，隱私權也獲得更高的保障。因為具

有這些優點，所以在全台灣北中南都會區之中，公園住宅幾乎都成了當地最高價房屋的代名詞，也是自住及投資者的最愛。

大台北地區

在大台北地區最知名的公園住宅區當然要屬大安區內的大安森林公園，該公園佔地面積廣達25.9公頃，素有「台北市之肺」的美稱。園內設計以森林型態為建構主軸，除廣植椰林、竹林、灌木等植被外，還闢有自然美池、慢跑道、兒童遊戲區、自行車專用道、露天音樂台等等，為民眾運動、散

步、跳舞、享受「森林浴」的最佳場所。目前大安森林公園獨一無二的視野及景觀條件，使得財團爭相投入投資興建豪宅，也吸引社會達官顯要與金字塔頂端的層峰人士紛紛進住。

特別是2006年3月新光集團以每坪2,745,000元的天價，標走大安森林公園旁信義聯勤土地；2007年初，大安森林公園旁「勤美璞真」預售案又以平均單價每坪1,350,000元公開後，大安森林公園被塑造成有如紐約中央公園的地位更形確立。根據市調資料顯示，大安森林公園周邊的房價，預售建案每坪從650,000元至850,000元不等（不計入「勤」案之特例），中古屋在每坪450,000元至730,000元之間。由於大安森林公園周邊生活機能齊全，而且流通物件少，加上未來還有信義捷運線經過，所以長期來看，該公園周邊住宅房價還有續往上揚的空間。

在台北縣內公園綠地更是屬於稀有產品，所以佔地11公頃的四號公園就成了中永和地區最寶貴的休閒綠地。四號公園又稱為中和公園或八二三紀念公園，不但鄰近捷運中和線永安市場站，連國家圖書館台灣分館也落腳於此，更增添本區的文化氣息。

目前緊鄰四號公園第一排的大樓行情居高不下，每坪單價約有270,000元以上的行情，而且在釋出量稀少的情況下，還不一定買得到。其中尤以中安街、安樂路的公園住宅最受矚目，該路段房屋屋齡都在十年上下，每坪單價也在280,000元至320,000元之間，已是雙和地區最高價。但由於四號公園

周邊開發已呈飽和，未來若有改建預售案推出，只要能享有公園景觀的，房價每坪站上320,000元以上應該不是問題。至於屋齡超過二十年的老公寓，也有200,000元的身價，讓四號公園周邊成為中永和境內名副其實的高級住宅區。

台中市

　　根據營建署的統計，到2004年底為止，各大都會中每人可享有公園綠地的面積，台中市居全國第二位，僅次於高雄市。儘管台中人擁有較多的公園綠地，但是台中市一些鄰近公園綠地的住宅，還是明顯的成為當地優質住宅的首選，特別是美術館及科博館的綠園道周邊，更是台中豪宅最多的地方，周邊中古大樓房價在每坪150,000元至210,000元之間，預售屋則在每坪220,000元至260,000元之間。

　　不過在台中挑選公園住宅時要注意兩個特殊的地點，一是中區的台中公園，特別是公園路旁，雖然該路段高樓住家可俯瞰整個台中公園，但因充斥著一些特殊行業，加上台中商業重心已由中區移到7期重劃區，所以該路段的公園住宅不但無法增值，反而有不易轉手的情形；另一個地方是西屯區的都會公園周邊，因為西屯區已屬台中市的邊陲地區，生活機能及交通條件都不佳，所以也不是理想的公園住宅。

高雄市

　　高雄最有名的公園住宅位於苓雅區的高雄文化中心周邊

以及鼓山區的高雄美術館特區周邊，前者中古房價不僅是南高雄最高，也一直是全高雄最抗跌的地方，最新的預售案甚至就要挑戰高雄當地最高行情每坪400,000元；後者除擁有台北大安森林公園三倍大的公園綠地之外，更是總統南下購屋第一個鎖定的區塊，面臨美術館第一排的電梯大樓房價都已站上每坪200,000元之上，很快就要挑戰每坪300,000元的價位。

選購公園住宅注意事項

◎ 公園面積宜大不宜小。

◎ 位於市區優於郊區。

◎ 已成形之公園優於興闢中，興闢中優於規劃中。

◎ 有「氣質型」建築如文化中心、圖書館、美術館等更是加分。

溫泉住宅

溫泉是一種由地底下自然湧出的泉水，其水溫須高於該環境年平均溫攝氏5°C以上。在學術上，湧出地表的泉水溫度高於當地的地下水溫者，即可稱為溫泉。不過在法令上各國對於溫泉的定義則有些許不同。

根據我國溫泉法，溫泉的定義是符合溫泉基準之溫泉水及水蒸氣（含溶於溫泉水中之氣體）。溫泉水包括自然湧出或人為抽取之溫水、冷水及水蒸氣，在地表量測之溫度高於或

等於攝氏30℃者；若溫度低於攝氏30℃之泉水，其水質符合溫泉水質成分標準者，亦視為溫泉。日本溫泉法則認為：溫泉水包括地下湧出之溫水、礦水及水蒸氣與其他氣體，溫度高於或等於攝氏25℃；如溫泉低於攝氏25℃，其水質符合規定十九種物質之其中一種（或以上）者也屬於溫泉。

　　根據各項研究顯示，溫泉能促進血液循環、加速修復組織、軟化皮膚角質、排毒、改善糖尿病等功能。因為溫泉具有促進健康及一定的療效，所以在樂活風的吹動下，搭上溫泉這一個元素，結合溫泉的住宅，近年來也在國內房屋市場引領風騷，在房屋銷售上都有很大的助益。於是可看到即使在沒有溫泉的地方，建商也竭盡所能的以人為方式挖出溫泉，強化房屋銷售的賣點；不願花錢開挖或是挖不到溫泉者，也不遠千里從溫泉區載來溫泉，形塑其溫泉住宅的意象。

購買溫泉住宅：五確認五認知

五確認

◎ 有無合法溫泉水權？

◎ 是真溫泉還是溫水？

◎ 是獨立湯屋、封閉型還是開放型溫泉會館？

◎ 開鑿的溫泉夠不夠所有住戶使用？能夠用多久？

◎ 水管是否為「明管」？以方便將來維護及更換管線。

五認知

◎ 溫泉住宅房價會高出一般住宅二到四成。

◎ 管理維護費也會較一般住宅高。

◎ 電器易被侵蝕、冷氣管的冷媒也較易流失。

◎ 交通條件及生活機能可能較差。

◎ 二手屋轉手機會較差。

綠建築

在目前被認為符合樂活居的產品中，綠建築是最符合永

續及環保觀念的建築。綠建築概念最早可追溯到1970年代的兩次石油危機，由於能源短缺，油價高漲，先進國家開始進行節能、省能的研發；到1990年以後，全球暖化及環境變遷問題日益惡化，追求永續發展遂成綠建築之主流。

　　台灣是在1998年訂定台灣亞熱帶氣候專屬的「綠建築評估指標系統」。綠建築依生態、節能、減廢、健康四大指標群之方向，再往下細分，又可分為九大指標來評估。

綠建築九大評估指標

◎ 生物多樣性指標—生物系多樣性、物種多樣性、基因多樣性。

◎ 綠化指標—綠化建築物空地、屋頂、陽台及建築立面。

◎ 基地保水指標—利用土地涵養水分，生態水循環。

◎ 日常節能指標—減少建築物耗能。

◎ 二氧化碳減量指標—減少建築產業之二氧化碳排放量。

◎ 廢棄物減量指標—減少建築產業產生之廢棄物。

◎ 室內環境指標—評估通風換氣、隔音、採光、室內裝修、室內空氣品質。

◎ 水資源指標—減少及回收建築物用水。

◎ 污水垃圾改善指標—管制建築物污水垃圾量。

　　目前在台灣綠建築之興建還是以公有建築、商辦大樓佔絕大多數，民間一般住宅普及率並不高，但值得欣慰的是民

間綠建築住宅個案有逐年增加的趨勢。根據財團法人中華建築中心的統計，截至2007年3月，全台已取得綠建築標章及預約取得該標章的有984件，其中民間住宅案還佔不到一成，較知名的有北部富邦建設大衛營、昇陽建設國豔及麗晶、震大建設明玉、杭玉及The House、大陸工程青山鎮、山圓建設新巨蛋、麗源建設高峰會，南部福懋建設的獨道及居富建設美術館的人本自然等等。

以「人本自然」建案為例，全案採省水馬桶設計，並設立雨水回收系統，將屋頂的雨水集中回收，提供中庭植栽的噴灌系統使用，幫住戶省下水費支出。福懋建設位於高雄市區的透天社區「獨道」，則是打破了透天產品在「綠建築」上的設計作法，建商將基地開挖出的土方，原土回填至一層樓高的高度，規劃成為生態中庭花園，不僅達到廢棄物減量的指標要求，並兼具綠化量的指標要求，有助於調節社區的微氣候，讓社區在夏季日照強烈時，也能保持較涼爽的溫度，而這個生態中庭經業者計算過，還可有365噸的蓄洪能量。

此外，「獨道」還在每戶住戶的休閒木平台下方，加上了「雨撲滿」的特殊雨水回收設計，可將雨水收集至地下的雨水貯留槽，再拿來作為庭園的植栽澆灌使用，充分善用每一分的水資源，幫住戶省下可觀的水費支出。

目前雖然綠建築住宅的造價及房價都比傳統住宅高些，但以長期的觀點來看，對住戶及我們居住的環境終究會有正面幫助，所以對於這些願意為地球及環境永續發展的業者，應該要給予高度肯定，並以實際行動支持這類的建案。

健康住宅

在樂活居產品當中，健康住宅是唯一具有環保概念又具有健康概念的住宅，也是唯一一項還未在國內量產的住宅產品，不過在日本，甚至在中國大陸都已制定健康住宅的相關規範。例如日本及中國大陸對於健康住宅的建設理念，開宗明義就提到：「健康住宅是在滿足住宅建設基本要素的基礎上，提升健康要素，保障居住者生理、心理、道德和社會適應等多層次的健康需求，促進住宅建設可持續發展，進一步提高住宅品質，營造出舒適、健康的居住環境。」

健康住宅應該是一種比綠建築更高一層的住居品質水準。一般而言，住宅建設有四個基本要素：適用性、安全性、舒適性和健康性。適用性和安全性是屬於第一層次，也就是住者有其屋及「安居」的要求，是住的基本層次。隨著國家經濟的發展以及人民生活水準的提高，對住宅建設就會有更高層次的要求提出，也就是舒適性和健康性，但台灣現在建築即使是高檔的豪宅強調的還是舒適性，對健康性認識仍嫌不足，目前僅基泰等少數建商推出健康住宅產品。

根據世界衛生組織的定義，所謂健康就是「在身體上、精神上、社會上完全處於良好的狀態，而不是單純的指疾病或病弱」。根據此一定義，健康住宅就是指「能使居住者在身體上、精神上、社會上完全處於良好的狀態住宅」。具體來說，健康住宅最低要求有以下十五項：

台北境內	
項目	健康住宅要求
1	會引起過敏症的化學物質濃度要求到最低。
2	為滿足第一項的要求,儘可能不使用易揮發化學物質的膠合板、牆體裝修材料等。
3	設有換氣性能良好的換氣設備,能將室內污染物質排至室外。特別是對高氣密性、高隔熱性來說,必須採用具有風管的中央換氣系統,進行定時換氣。
4	在廚房廚具吸煙外,要設局部排氣設備。
5	起居室、臥室、廚房、廁所、走廊、浴室等要全年保持在17°C-27°C之間。
6	室內的濕度全年保持在40%-70%之間。
7	二氧化碳要低於1,000PPM。
8	懸浮粉塵濃度要低於$0.15mg/m^2$。
9	噪音要小於50分貝。
10	一天的日照確保在3小時以上。
11	有足夠亮度的照明設備。
12	具有足夠抗自然災害的能力。
13	具有足夠的人平均建築面積,並確保私密性。
14	住宅要便於護理老齡者和殘疾人士。
15	因建材中含有害揮發性物質,住宅竣工後要隔一段時間才入住,期間要進行換氣。

要 明星學區住宅

　　最近淑惠又開始傷腦筋了，因為行政院長説未來將實施十二年國教，以「全面免試入學」為目標，讓學生在當地就讀。表面上可以免去考試直接就讀高中，降低學子升學的壓力，但是對於現在少子化的年代，像淑惠夫妻這樣望子成龍的父母親，卻開始要擔心如何才能讓寶貝孩子，將來可以順利的進入明星高中就讀。由於政策版本一變再變，讓淑惠最近不得不積極到處去打聽消息。沒想到政府的一項政策美意，卻是苦了天下的父母親。

　　事實上，經過幾年的努力，淑惠夫妻才好不容易在台北市雙語小學──新生小學學區買下一間小房子，為他們的小兒子買下一張進入該明星小學的「入場券」，將來國中進入金華國中也沒問題，但未來如果真的實施十二年國教，他們可能就要及早準備搬家到明星高中學區內，或是在明星高中學區內再買一棟房子。

　　正因為這種心理的作祟，所以明星學區住宅在國內房地產市場上一直都是非常搶手的產品，有人專門找明星學區住宅來投資，有人是為子女在明星學區找房子，使得明星學區住宅的價格都高人一等，平均起來比非學區內的住宅高出一成五到兩成。建築業者也都會拿明星學區住宅作為推案的賣

點訴求，屬於明星學區內的住宅，往往在銷售上也是票房的保證。

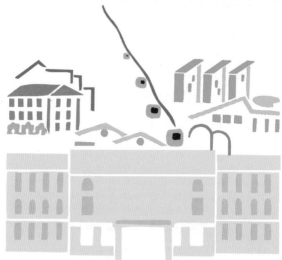

進住明星學區住宅注意事項

除非是抱著「放牛吃草」的心態，大多數的父母還是希望自己的小孩可以順利進入明星學校，所以要如何才能確保小孩可進入明星學校呢？以下這些事項就要特別注意了：

注意明星學區入學設籍時間規定

像台北市教育局已修改對持有房屋者的入學資格，原本在入學當年度4月25日前取得房屋所有權狀，即有優先入學資格，但現已把時間提前至前一年的12月31日前，如果沒有掌

握好此一訊息變動，可能就有家長因而錯失讓孩子就讀明星國小的機會。有些更熱門搶手的明星國小，甚至訂出更高標準，要求設籍滿六年才可入學，等於小朋友一出生就要設籍在該學區內。這也讓這些明星學區的房子益發搶手，房價居高不下，保值抗跌性高。因此特別提醒家長，若有意為下一代取得明星國小的入場券，必須提前尋覓好屋並設好戶籍。

確認明星學區的範圍

因為住宅必須坐落在明星學區內，才享有入學的資格，在此提醒家長購屋之前最好先上教育局的網站，除了留意各校入學的設籍時間規定外，並確認該房屋是否坐落在目標學區內。因為有時候往往一路、一鄰之隔，就不是明星學區。以台北市的敦化國小為例，松山區松基里13鄰屬敦化國小學區，一鄰之隔的14鄰則劃分為民族國小學區。

而且，有時候縣市政府教育局還會看狀況調整學區的範圍，所以一定要查詢最新的學區里鄰，像是台北市教育局網站上就有「台北市96學年度國小學區一覽表」及「台北市96學年度國小學區里鄰對照一覽表」，只要細心查閱，就不會買到非明星學區的房子。

租屋滿三年亦可就讀明星學區

為了避免明星學區變成有錢人就讀的學校，所以大多數縣市都有開放租屋族、原住民或是弱勢族群就讀明星學區的

規定。例如台北市從2006年起，就開放連續居住三年以上之坐落學區內房屋的租屋族，其子女也可進入明星學區就讀。其規定條件是，提供經公證之房屋租賃契約證明，以及元月1日至入學資格審查日前足以證明居住事實之水費及電費收據，一樣享有優先入學的資格。

明星學區住宅行情

　　一般而言，家長們對明星學區最在意的是小學階段，畢竟好的開始是成功的一半，所以明星小學在北中南都會區中都是很多家長的最愛，相對的明星學區住宅也呈現一屋難求的情形。

　　在台北市每年都有二十幾所小學申請入學名額爆滿，這幾個僧多粥少的學校，都已被視為當地的明星小學，其中又以所謂的「雙語小學」──大安區新生國小與中山區永安國小最為熱門。

　　大安區新生國小除本身是雙語國小之外，位置又面對大安森林公園，因此學區內房價更是易漲難跌。位於大安森林公園旁的信義路，周邊豪宅個案已經創下國內房價每坪1,350,000元的最高紀錄，當然該明星學區內的房價也愈來愈高不可攀；不過在預售屋頻創新高的比價效應下，市場預期區內中古屋還有上漲的空間。

　　中山區永安國小位在大直重劃區及大彎重劃區之間，是屬於新興的豪宅市場，區內美麗華商圈日趨成熟，加上緊臨基隆河旁的豪宅擁有無遮蔽的寬闊視野，所以也帶動區域房

價節節走高，預售屋房價已經突破每坪800,000元，因此預期區內中古屋房價也可望續往上追價。

　　台北市內其他如仁愛國小、建安國小、金華國小、國語實小、光復國小、博愛國小、力行國小等等，也都是知名度很高的明星小學，當然周邊的明星學區住宅也是自住及投資都適宜的標的。

台北市主要明星小學及明星學區住宅房價				
行政區	國小	學區內公寓房價	學區內大樓房價	投資評等
大安區	新生國小 TOP	37-45	50-66	★★★★★
	金華國小 TOP	37-45	50-66	★★★★★
	國北教大實小	32-35	42-52	★★★★
	建安國小	36-46	51-68	★★★★
	仁愛國小 TOP	36-46	51-68	★★★★★
	龍安國小	37-45	50-66	★★★★
中正區	市教大附小	30-35	38-46	★★★★
	國語實小	30-35	38-46	★★★★
內湖區	明湖國小	26-30	33-36	★★★
	麗湖國小	26-30	33-36	★★★★
松山區	敦化國小	35-40	44-58	★★★★
	健康國小	30-38	44-58	★★★★
	民生國小	32-40	46-58	★★★★
信義區	光復國小 TOP	30-40	45-55	★★★★★
	博愛國小	30-35	45-55	★★★★
中山區	永安國小 TOP	35-40	42-68	★★★★★
文山區	力行國小	26-28	30-37	★★★★
	實踐國小	25-27	28-34	★★★
	永建國小	25-27	28-34	★★★

註：房價係指附近中古屋參考價；投資評等最高為5星　　　　　房價（萬元／坪）

台北市主要明星國中及明星學區住宅房價				
行政區	國中	學區內公寓房價	學區內大樓房價	投資評等
大安區	師大附中 TOP	45-50	55-65	★★★★★
信義區	興雅國中 TOP	38-40	41-55	★★★★★
中正區	中正國中	35-42	40-50	★★★★
松山區	敦化國中	35-42	36-45	★★★★
內湖區	明湖國中	23-26	30-40	★★★

註：房價係指附近中古屋參考價；投資評等最高為5顆星　　　　　　　房價（萬元／坪）

　　就程度上來比，中南部迷信明星學區的力道比較弱，明星學區對於周邊房地產的拉抬力道也不像台北那麼強，不過對於當地房價還是有一定的支撐。隨著近幾年來都市的發展以及商圈的西移，台中市明顯的區分出傳統明星學區及新興明星學區。傳統的明星學區如居仁國中、教大附小等等，但是隨著舊市中心區商機的逐漸沒落，這些學區附近的房市也

漸趨式微。因此傳統明星學區以寄籍戶居多，房屋的成交量，根本無法與新興的明星學區相比，所以房價表現相對溫吞了點。

　　目前台中市最著名的明星學區非「惠文學區」莫屬，因為該學區坐落在台中房市最火紅的七期重劃區內，周遭的住戶幾乎都是「非富即貴」，很多都是豪宅大戶，小坪數高單價的套房產品，幾乎沒有生存的

空間。基本上，台中市一般家長心目中的明星學區，已從傳統明星學區轉往新市政中心特區一帶，即公益路、河南路等周邊區域。

台中市主要明星國中小學及明星學區住宅房價				
行政區	國中小	學區內公寓房價	學區內大樓房價	投資評等
西屯區	上安國小	6-8	9~14	★★★
	東大附小	5-8	9-13	★★
南屯區	東興國小	6-9	11-17	★★★
	TOP 惠文國小	-	16-27	★★★★★
北屯區	明道普霖斯頓雙語小學	7-9	10-15	★★★
北區	立人國小	7-8	9-13	★★★
北區	賴厝國小	6-8	9-13	★★★
北區	師院附小	6-8	9-12	★★★
西區	忠明國小	6-9	9-11	★★
西屯區	西苑國中	6-8	10-14	★★★
南屯區	TOP 惠文完全中學	-	16-27	★★★★★
	大業國中	5-8	10-16	★★★★

註：房價係指附近中古屋參考價；投資評等最高為5顆星　　　房價（萬元／坪）

在高雄方面，很明顯高雄市的明星學區住宅保值性確實比較高，傳統明星學區如五福國中、四維國小學區，房價就比非明星學區高上一些，特別是結合文化中心生活圈更是展現抗跌特性。一般而言，高雄市的家長多半為了子女教育而舉家遷入明星學區，且都較偏好購買三至四房的產品，以滿

足全家的需求。一般北部家長常購買的小套房,在中南部由
於房價的差異性不大,且家長偏好以寄戶口取得就學資格,
因此這類型產品的投資相對也較少。根據房仲業者的成屋成
交行情顯示,高雄市明星學區的房價仍然比區域房價高出一
成左右,只要打著明星學區的招牌,房價幾乎都只漲不跌。
如苓雅區的四維國小,每坪房價達80,000元至120,000元之
間;五福國中房價也在每坪80,000元至120,000元之間,比較
不鄰近學區的公寓、大樓,每坪單價貴上10,000元至20,000
元。目前高雄市最熱門的學區,南高雄是以四維國小、五福
國中與英明國中最受歡迎;北高雄則以陽明國小及陽明國中
最受歡迎。

高雄市主要明星國中小學及明星學區住宅房價				
行政區	國中小	學區內公寓房價	學區內大樓房價	投資評等
三民區	東光國小	5-7	6-9	★★
苓雅區	四維國小	6-9	8-12	★★★★
前鎮區	復興國小	6-8	7-10	★★
前鎮區	民權國小	6-8	8-11	★★
三民區	陽明國中	5-7	7-10	★★★
鼓山區	明華國中	5-8	8-12	★★★
苓雅區	五福國中	6-9	8-12	★★★★
苓雅區	師大附中	6-9	8-12	★★★★
苓雅區	英明國中	5-7	7-10	★★★★

註:房價係指附近中古屋參考價;投資評等最高為5顆星   房價(萬元/坪)

政府宣示將實施十二年國教，看似拉近城鄉差距，不過國人向來有明星學校的迷思，加上固有的明星高中既有優越師資和優良治學傳統，儘管十二年國教看似降低廣大學子的升學壓力，但未來在面臨大學申請門檻時，競爭可能會比以往更趨激烈。由於高所得者仍會以購屋方式為小孩選擇較優質的就學環境，因此明星高中學區之住宅需求可能不減反增，投資型的購屋者也會看準此一商機進場，明星學區的房價及租金仍是水漲船高，當然房價行情亦會持續火紅發燒。

雖然明星高中學區房價居高不下，但房子也相對抗跌，轉手性也比非明星學區來得好，屬於「高保值」、「高收益」的住宅產品，購入後不論收租或轉售，皆能達到獲利與保值的目的。不過由於房價也來到相對高點，因此建議想在明星高中學區投資者，與其採整棟出租，不如以分割套房的形式出租，以免過高的房價吃掉租金所得的報酬率。

北中南傳統明星高中周邊房市行情表

行政區	高中	學區公寓內房價	學區大樓內房價	投資評等
台北市	建國中學	25-30	30-37	★★★★
	北一女中	26-32	30-36	★★★
	成功高中	29-31	35-40	★★★
	師大附中	45-50	55-65	★★★★★
	中山女中	30-35	35-40	★★★★
	松山高中	33-35	35-38	★★★★
	景美女中	25-33	27-35	★★★
台中市	台中女中	6-7	8-10	★★★
	台中一中	7-9	8-11	★★★★
	文華高中	5-7	9-10	★★★
	曉明女中	5-7	8-10	★★★
高雄市	高雄中學	6-9	7-11	★★★
	高雄女中	6-9	7-11	★★★
	高師大附中	6-9	8-12	★★★★

房價（萬元／坪）

註：房價係指附近中古屋參考價；投資評等最高為5顆星
資料提供：信義房屋不動產企劃研究室

要知房地產投資實務
操作三大撇步

　　王樺民最近不知是走什麼「好狗運」，竟然給他中了六百多萬元的樂透彩，與老婆商量後，兩人決定將這筆意外之財投資到房地產上，只是房地產要如何投資，兩個人都沒有概念，於是就趁回娘家的機會，王樺民陪他老婆去拜訪了擔任代書的妻舅。這個妻舅說，較規矩點就是買個房子出租最簡單，也可買下老房子，再重新裝修出售，或是切割成小單位出售出租都可。看來投資房地產，還不像他想像中的簡單呢！

　　隨著近年來國內房地產市場的回溫，加上外部環境定存利率降至2%上下，讓市場上很多手頭擁有閒錢的民眾，紛紛回歸加入房地產的投資行列。另外，國際原油價格高漲，所引發日常消費品、交通運費紛紛調漲的連鎖效應，也讓「物價漲、通膨來」的陰影再度籠罩在民眾的心裡。因此這兩年來國內房地產市場上，除了出現一批批敢拚敢衝的職業投資客外，較保守型的業餘房地產投資者也持續增加。根據台灣

不動產資訊中心的調查，2006年台灣地區購屋民眾當中非自住之投資買方已達到22%至23%，這類投資者之資金雖無法與大財團動輒數十億、數百億的投資手筆相比，但卻是左右未來房地產市場是否能持續熱絡的重要指標與主要支撐力量。

揭開投資者操作的神祕面紗

到底房地產投資者是如何操作的？從市場上就近觀察，房地產投資者大概可分為以下三類投資模式：

傳統型操作模式

一般房地產投資者都是心態較保守、風險承擔能力較弱的一群，因此大多是採取傳統房地產投資模式。這也是長期以來，房地產市場上都存在的投資模式：以自有資金買進房地產，長期持有，賺取每個月穩定之租金收入。這類投資者

選擇之標的產品很廣，最喜愛的是套房產品，因為總價低，一般住家較少，而店面或辦公產品因總價較高，大部分是以高所得師字輩的投資者居多。

由於這類投資者都是以自有資金投資，所以一般比較不會在意外部資金利率的高低，也不會在市場上頻繁殺進殺出。也因此一長期持有之特性，往往在日後真要處分這些房地產時，其增值之價差也非常可觀。在長期持有及增值的考量下，更要特別注意投資地段之選擇，建議跟著政府重大建設或交通建設走，就不會錯啦！

創造型模式

這類型投資者大多也是以自有資金買進房地產，有貸款的話，比例也是較低的，然後再加以「小單位化」，將正常之產品切割成小單元個別出租，以創造更高的租金報酬率。在目前市場上，一般正常之房地產產品，租金報酬率大約落在3%至5%之間，但經過「小單位化」之後，就可拉高到7%至10%的租金報酬，其間租金報酬率之高低，則完全要看投資者如何切割出一個最適的小單元及其包裝能力之好壞。

對於這類適於切割之產品，最常見的是一般住家，特別是屋齡稍大之公寓產品最適合。因為這種產品有兩大優點，一是室內實坪大，二是總價較低，因此在切割成小單元（套房）後，其創造之租金效益非常高，特別適合大學商圈或是明星學區。其次，是辦公產品小單位化，這類產品較少人注意也比較不普遍，這也就是適合所謂的SOHO族（small office, home office）的小辦公室產品，以台北市A級辦公室為例，每月每坪租金約2,300元至2,800元，但這類小辦公室產品卻可創造每月每坪高達4,000元至5,500元的租金效益，所以只要地點適當，投入這類產品投資也比純辦投資好很多。

只是小單位化會牽涉到拆原隔間、重新隔間、裝修及家具等等額外成本，一般要再多抓一成的資金以支應，例如房屋總價若是700,000元，想要加以小單位化的投資者就要多準備700,000元。

當然店面產品也可看到類似的操作模式，特別是已經成熟之熱鬧商圈，25至35坪完整租給連鎖店經營業者，一個月約十多萬，頂多二十萬元之租金收入，但若切割成5到8個小單元出租給精品、小飾品、化妝品等業者，因每單元總月租金不高，很容易吸引到這類特殊店面需求者，因此月租金收入一下子就可拉高到最高600,000元之譜，是原租金收益的三倍之多。

一旦創造出較高租金報酬率，在轉手時就可與租約一起以更高之售價賣出，所以這也適合較短線要賺取價差之投資

者。不論是專業投資客或是一般業餘投資者，在評估店面可不可以、值不值得投資時，都是以租金報酬率去反推，像上述的例子，如果是每個月租金200,000元，租金報酬率以4%計算，則店面總價60,000,000元算是合理價。一旦經過小單位工程拉高租金到

600,000元，同樣以租金報酬率4%計算，其可能之售價也可跟著拉高到180,000,000元，這正是創造型模式所「創造」出之獲利空間。

當然在台北市因為特殊的明星學區效應，近年在市場上也出現一種「分戶學籍」投資型產品，主要是相準「望子成龍、望女成鳳」的家長，希望為子女買張進入明星學區入場券的心理，投資者在這些熱門學區內買進一般住家，將它分割後，再到戶政機關辦理戶籍分戶，然後賣給這些有需求的家長。由於這些家長意在買個學區住宅，而不是真的要住進去，所以只要符合相關消防法規，儘可能的將室內面積最小化，讓個人投資之效益極大化。

槓桿操作模式

這類投資模式雖仍屬業餘投資，但已算是業餘當中最高段之操作手法，基本上它涵蓋上述兩種投資模式，然而最大的差異在於這類投資者自有資金較低但普遍月收入較高，因此採取高度借貸之槓桿操作模式，藉由第二類之小單位化手法，在目前低利環境中，除了第一個投資標的可以靠租金養活自己外，還可拿部分租金來養第二戶標的房子，再以此類推到第三、四、五戶房子。只要操作得宜，未來利率漲升幅度也不大，這類投資者可在持有四、五個標的房子後，在八到十年內還清所有的貸款，這也意謂著這些投資者十年後就不用上班，可以提早退休，讓這幾間房子來養活他們的退休生活，從此過著幸福快樂的日子。只是這類投資風險很高，

特別是在利率大幅翻揚或是個人收入縮水之後，可能就要面對入不敷出的窘境！

不論是哪一類型投資者，最起碼的投資不敗定律，就是要找到對的產品、找到對的地點，例如套房產品一定是選在私立大學商圈、辦公商圈、百貨商圈或是捷運站商圈內；辦公產品一定是要交通便利之辦公商圈；學區產品則非主要明星學區莫屬；店面則要選成熟百貨商圈、夜市商圈、捷運商圈等，否則儘管有再高超的分割手法，再巧妙的包裝方式，最後還是可能落得血本無歸的下場！

要要三好一公道

　　相信四、五年級生都記得，在布袋戲全盛時期有號人物叫做「公道伯」，每次只要他一出場都要強調所賣的東西是「三好一公道」，後來也有國內企業以這幾個字當作企業的經營理念。而所謂的「三好一公道」，是指品質好、信用好、服務好、價錢公道。如果企業真能做到此一經營理念所揭示的目標，那絕對是消費者的一大福音。

　　在房屋市場，民眾買屋如果可以碰到品質好、信用好、服務好、價錢公道的建設公司，也是購屋人的福氣。不過買房子畢竟跟買一般日用品不一樣，要考慮的東西就要更多了。很多民眾在買屋或是找屋過程中常會問到這樣的問題：如何才能買到一間好房子？簡單來說，只要將上述「三好一公道」內容稍稍做些修改，也就是「好地段、好產品、好建商及價格公道」，若符合這四個條件的房子就是好房子，民眾購屋循著這四

個指標去挑房子，就錯不了！

好地段

　　命理師常說：個性決定一個人的命運。不過房地產專家會告訴你，地段決定一間房子的命運，香港首富也是房地產鉅子李嘉誠就曾說過：「購買房地產三大要訣，第一是地段，第二是地段，第三還是地段。」

　　由此不難想見地段的重要性，只是很多人搞不清楚到底什麼才是好的地段。簡單一句話，就是大家常聽到的，要「生活機能十足」。根據房屋仲介公司一份網路調查顯示，網友評選心中最嚮往的居住桃花源，以「生活機能完善」高居第一位，而有高達61%的受訪者，將其列為首要選項。但生活機能完善與否，該要如何觀察呢？基本上，能夠滿足民生六大需求──食衣住行育樂的房子，就是生活機能十足的好房子，也就是好的地段。

　　食：民以食為天，吃是很重要的。倘若是自行開伙，住家周邊有沒有就近採買的地方，如傳統市場、超市、大賣場或是購物中心；平時或假日不開伙時，能否在住家周邊找到吃的地方。如果上述條件完全沒有具備，對住宅地段上的選擇絕對是減分的。一般而言，就「食」這一項，要觀察該地段是否達到水準以上的指標，例如周邊有沒有咖啡店、附近是路邊攤還是店鋪式餐廳等，都是可判別地段居住品質差異的重要依據。

衣：佛要金裝，人要衣裝，儘管一般人對「衣」的消費次數相對較少，「衣」很少被拿來當作購屋與否的指標，但也正因為如此，住家周遭如果有服飾店、鞋店、百貨公司的設立，就更能凸顯該地段的價值與生活機能的強度，特別是小型服飾店更具有代表性指標意義。

行：住家周邊有沒有便捷的公共交通工具，是生活機能足不足夠的重要觀察指標。至少在步行百公尺內要有公車站，而且愈多線愈是加分；萬一哪天睡太晚了，要叫部「小黃」趕時間上班，能隨招隨來、隨叫隨到，也是方不方便「行」的指標之一。再更上一層樓，便是住家周邊有捷運站、火車站或高鐵站，假如三者都具備，就是現在房屋市場上最火紅的「三鐵共構」站，有這樣「行」的機能，房價絕對不會寂寞。

育：若將「育」字廣義解釋，它就包括天下父母都不能忽視的教育問題，所以住家周邊有沒有國小、國中，有沒有安親班、補習班、才藝班，也是該房子「育」的需求能不能被滿足的指標，甚至政府宣示將來要施行十二年國教的高中也都要加以重視。當然教育環境的有無，是「育」的需求之最基本要求，明星學校、雙語學校則是另一個層次，也對周邊住宅產生不同強度的需求及價格支撐。

樂：是大家比較熟知的休閒性、娛樂性需求，房子本身有沒有一些必要的休閒設施，如圖書閱覽室、健身房等等，房子外部有沒有公園、綠地、文化中心、美術館等，這些設施對住宅也都有加分的作用。

有了以上民生五大需求的齊備，這樣的房子就一定是大家公認的好地段。當然有些人還會將「醫」納進購屋的選項之一，畢竟人是吃五穀雜糧的，難免會有身體病痛，診所、醫院或教學醫院位於住家不遠處，對生活機能也有所加分。只是對於這類醫療設施，要記得一個原則，那就是「有點黏又不會太黏」，因為住家如果緊貼著醫療設施，反而是扣分了！

好產品

一間房子要符合好產品的條件，基本上必須有好規劃、好格局、好的通風採光及安全結構。首先就規劃而言，整個住宅社區戶數規劃在兩百戶以內為最理想狀態，這樣的戶數可保有一定的管理規模，又不會因戶數過多流於管理無效的困境；其次是當層戶數規劃，最好當然是一層一戶，不過一層一戶通常是豪宅才有的規劃，一般住宅社區受限於基地太小，能夠有一層雙併就很好了。基本上當層戶數愈多，人就愈雜，對居住品質都是減分的。

格局好不好？只要掌握一個原則「內方外方」即可。攤開平面圖一看，一戶住宅格局如果是方方正正的，主要房間也方方正正，沒有稜沒有角，就是好格局的房子；反之長條形、圓弧形或是不規則形，都不是好的格局，因為在空間使用上不像方正格局般充分，容易造成空間浪費的情形，這在寸土寸金的都會區，更是不符合經濟效益。

通風採光好壞，純粹是對居住者健康的考量。特別是採光，一間四面採光的房子，並不見得是最好的，一般以三面採光或兩面採光最佳，單面還勉強可以接受，完全不見天日的，就不用考慮了。至於建築結構安全，是很難經由目視察覺的，更何況大多數購屋民眾都不是建築方面的專家，即使想要檢查結構好壞也無從查起，所以，最好的方式就是挑選值得信賴的好建商。

好建商

隨著近年來房地產市場買氣持續暢旺，國內不動產相關產業的數量也不斷增加，新建設公司更是不斷冒出頭，面對愈來愈多的預售推案及建設公司，消費者所面對的風險也愈高。如何挑選好的建商，如何才不會誤上賊船或是碰到「一案公司」，如何才能避免讓自己一生積蓄付諸流水，在對市場一知半解的情況下，挑好建商相形就更重要了！

好建商可提供好品質的房子以及好的售後服務，所以不用擔心買到結構有疑慮的房子；住的房子有任何小問題，建商還會負責幫忙維修；更重要的是將來房子要轉手時，不僅在市場上很搶手，房價也較有支撐力。在中古屋市場常可看到好建商蓋的好房子，不用委託房屋仲介，只要掛張板子自售，很快就有人搶著買，這主要是因為買方認為房屋品質好，所以成交迅速，因此就算是中古屋也相對保值。

國內到目前還沒有所謂優良建商評鑑制度，一些媒體或

組織在做產業形象或服務品質排名時，也鮮少將建設公司列入評比，使得過去消費者面對人生最大一筆交易之房屋買賣時，都得憑個人運氣。不過，隨著資訊科技的發達以及市場資訊愈來愈透明，消費者還是可以先做一些功課，來保障自身權益。除了看看該公司的背景及財務狀況外，最簡便的方式就是在網路搜索引擎上輸入建設公司之名字，查看看該公司有沒有在網路上留下任何優良或不良的紀錄，作為個人是否與該公司進行房屋交易之參考。

　　此外，還可以進入公平交易委員會之官方網站（http://www.ftc.gov.tw/），看看該公司過去是否曾違反公平法而遭到公平會處分之情形。建設公司及其負責人是否誠實納稅（無欠稅紀錄）、信用良好（無跳票或拒往紀錄），也都是判斷該公司是否可靠、可信賴的重要依據，不怕麻煩者還可到所在縣市建築投資公會，查查該公司是否加入公會並正常繳交會費。

　　但挑選優良建商最好的方式，還是向該公司以往建案之住戶直接打聽，聽聽他們的經驗以及口碑，至於是不是上市櫃公司，倒不建議拿來判斷建商好壞之主要依

據，因為過去有很多上市櫃建設公司留下許多爛攤子的紀錄，而且市場上也有不少是優質但沒上市櫃之公司。

就筆者十幾年來對市場之觀察及了解，在此提供幾家優質的建商供民眾購屋時參考，北部有昇陽建設、基泰建設、華固建設、富邦建設、震大建設，中部聯聚建設、龍寶建設、生產力建設，南部的皇苑建設、福懋建設，還有全國性的國泰建設及太子建設。

價格公道

買房子要期望買到公道的價格，雖不是一項不可能的任務，但也是一項難度很高的挑戰，不過只要謹記「多聽、多看、多問」六字訣，要買到價格公道的房子也不難；特別是現在網路非常發達，只要好好運用這項技術，加上親自實地的探訪，就可知道一個地方房價可能成交的範圍，至少不會讓自己買到一個離譜的房價了！

要懂得投資套房的訣竅

出社會才滿兩年的小崗，手頭雖有些積蓄，但一直租屋而居，每月房租就要10,000元。因此與單身「有殼」的同事聊天後，他覺得與其幫房東養房子，不如為自己養一間房子，特別是低總價的套房，每月房貸還款也在10,000元上下，仍在自己的能力範圍之內。只是他沒有買屋經驗，又聽人家說：買錯套房，就注定要「住套房」，這讓他對買套房這件事，既期待又怕受傷害。像小崗這類年輕的套房主力客源，該如何正確購買或投資套房呢？

套房產品原是房屋市場上的「少數民族」，以往建築業者視套房是延續買氣的「救命仙丹」，很少躍登市場主流之列，現在則被業者看作是獲利的「大補丸」。近兩年來國內預售市場買氣持續熱絡，套房推案量如雨後春筍般在各地冒出來，而且幾乎個個都創下高銷售率，也引發近年來罕見的套房產品是否將泡沫化的論戰，順勢帶動整個中古套房的市場趨勢。

套房有哪幾種選擇？

　　在房屋市場上，依功能及配備來分，套房產品大略可分為下列七種，但因各類套房的功能替代性很強，所以各類套房角色重疊的情形很普遍，例如有可能同時是商務套房、捷運套房及夾層套房。

學生套房：

　　這類套房主要坐落在各大學商圈，以學生為主要客源，坪數普遍偏小，大多在10坪以下，沒有客廳也沒有小廚房，像是北台灣的淡大、輔大，中台灣的逢甲、東海，南台灣的成大、高醫等主要大學商圈。隨著近年來大學錄取率的大幅上升，學生套房的需求有轉趨強勁的趨勢，所以除了預售市場獨立套房之供給外，將一般住家分割成套房的情形也愈來愈普遍。在北台灣主要是切割老舊公寓為小套房，中南部則有切割透天厝、別墅為小套房的情形，在輔大地區甚至有將閒置廠房改裝成小套房的例子。

住家套房：

　　這類套房是一種過渡性產品，主要是提供給單身族、新婚族在過渡到一般住家時期的產品。這類套房通常出現在生活機能完整的都會區內，特別是就業機會高的辦公商圈或是百貨商圈。因為定位為住家，所以該類套房坪數一般較大，大概在12至18坪之間，還可規劃出小客廳及小廚房，以應日常自行開伙所需。住家套房與學生套房是國內套房市場上佔

有率最高的兩種。

商務套房：

這類套房主要是位在商業區內，或是有些以事務所名義規劃的捷運共構案內，可做營利事業登記，有些真的就是以SOHO族需求之個人工作室做規劃，最具代表性的就是「太平洋商務中心」，除了滿足住的需求之外，相關商務設施之配套更是十分完備。基本上這類產品在市場上的供給不多，但是有很多是住家套房、捷運套房、夾層套房或是飯店式套房以商務套房名義在市場上銷售。

捷運套房：

這是隨著大台北捷運系統而崛起的套房產品，又分為共構與分構之規劃，但都強調「到站即到家」的優越條件，所以一直是市場上預售推案的票房保證，房價也不斷創新高；有些捷運共構個案是以事務所名義申請建照，所以在房間挑高的情況下，最後也都變成夾層套房。最典型的有台大公館站之「戀戀台大」、永春站之「EAT」。

夾層套房：

隨著上一波房地產市場景氣走下坡，有些建商為了圖存，紛紛以小坪數之挑高夾層套房來因應，在總價低及空間

效益大的情況下，夾層套房個案以燃原之勢席捲了預售市場，因而也引來中央及地方建管單位的注意，幾波封殺夾層套房的措施也一一祭出，但夾層套房至今在預售市場上仍未絕跡，在中古屋市場上也一樣吃香，特別是挑高達四米三或四米五之夾層套房，更是受到單身貴族或是頂客族的青睞。

溫泉套房：

　　主要是分佈在有溫泉資源地區之套房產品，如北投、金山、萬里等地，但近三年來建商為強化套房買點，也以自行開挖的方式挖到溫泉水，包裝成溫泉套房銷售，如八里、淡水一帶。這類產品本質上都是屬於休閒不動產，以第二個家（second house）做銷售訴求，若再加入飯店式服務，更能大幅提升房價行情。代表個案有新北投之「天月」。

飯店式套房：

　　飯店式服務是近年來打出所謂「小豪宅」的預售個案都會有的共同訴求。1樓通常是挑高的飯店式時尚大廳，有的還設有鋼琴交誼廳，室外則是水景花園，豪宅或是高級集合住宅才有的健身房、韻律教室、KTV、視聽室、撞球檯等等，公共設施應有盡有，最重要的是有五星級飯店式之物業管理，可隨時聯絡1樓服務櫃檯，處理各項日常生活之服務，包括預約鐘點傭人或祕書、叫車、修繕、線上繳交管理費等。這類套房是希望將市場上五星級飯店、商務出租住宅（service apartment）的服務搬到一般住家套房裡，所以有人又叫這類套房為「酒店式公寓」。

台北市飯店式管理套房及租售行情

個案案名	位置	售價 (萬元／坪)	月租金 (元／坪)
EAT	南港捷運永春站	62-70	3,000
元大101	忠孝東路五段	72-76	3,000-3,200
MOMA	忠孝東路五段	65-68	3,000
V1	基隆路一段	45-55	2,400-3,000
逸仙雅仕	光復南路基隆路口	53-56	3,000
逸仙悅容	光復南路信義路口	60-65	3,000
戀戀台大	捷運公館站	50-56	2,000-2,300
法國玫瑰	松江路	52-57	2,500-3,000
歐夏蕾	林森北路	42-45	2,000-2,400
美妍家	中山北路二段	43-48	2,500

註：租售行情係2007年3月調查
資料來源：房仲業者

如何提升套房的賣相？

　　由於需求引導供給的關係，上述七類套房中除溫泉套房以外，套房的分佈主要都是在辦公商圈、百貨商圈、大學商圈以及捷運商圈，因此這些商圈也就成為中古套房最主要的市場。投資這些商圈之套房產品，基本上較可確保套房的保值性及出租與租金之穩定性，所以套房非位在此四類商圈，投資前就要多考量了。當然，如果該套房是位在1個以上之上述商圈，則符合「商圈愈多、投資價值愈高」的加分效果。

　　近幾年來由於銀行利率持續處在低檔，租金報酬率高過定存甚多，總價不高的收益型套房產品也因而廣受投資者的

產品特色
挑高4.5米，幾米代言
挑高3.6米
挑高4.2米
挑高4.2米，林志玲代言
挑高3.2米
挑高4.2米
挑高4.2米
挑高4.5米
挑高4.2米
挑高4.2米

青睞，除了預售推案激增之外，中古屋市場上，套房的承接力道也有逐漸增強的情形，市場成交的比重呈現不斷上升的趨勢。

根據房仲業者的統計，套房的成交比重已經由2002年第一季的1.9%，挺升到2006年的10.9%，顯示在單身不婚、單親、少子化的社會潮流下，小宅化的趨勢愈來愈明顯，特別是在都會地區寸土寸金的情況下，小套房更是有廣受歡迎的現象。

投資套房除了要挑對地段之外，在市場供給普遍放大的此際，更要懂得如何走出自己的藍海策略，也就是說除了增加出租的機會外，更重要的是還要能夠提高租金報酬率。目

前在中古屋市場上最常見的作法有以下三種模式：

小單位化

　　這是很多套房投資客都知道的操作模式，將標準住家或是廠辦大樓切割成小套房出租，當然是單位愈小租金報酬率愈高。比如34坪之3房公寓，月租金約18,000元至22,000元，如果隔間全部打掉，隔成五間小套房，以每間月租金7,000元計算，全部租金收入就可拉高到35,000元。儘管投入成本會增加，但在租金提升幅度更大的情況下，回收期也會大大縮短，可謂是小支出大收益的作法。

使用空間極大化

　　套房使用空間小是大家都知道的事實，因此如何在有限的空間中，創造出最大的空間可能，便成為提升套房投資價值的重要課題。當然大家最熟知的「使用空間極大化」作法，就是施作夾層，但一定要有足夠之高度才有施作夾層的可能，因此就一般標準高度之套房，可以靠裝潢來創造出更多收納空間，這也是增加套房出租「賣相」的好方法。以中古市場上實際案例來看，位於台北市松江路巷中之「法國玫瑰」，挑高4.5米，未做出夾層裝修之陽春屋，每坪成交價490,000元左右，不會超過500,000元，但施作夾層之裝修屋，因使用空間變大，賣相也大增，單價也就拉高到每坪570,000元至580,000元。

配備全面升級

這就是預售市場上常見的飯店式服務套房，將豪宅級的

服務及軟硬體全都「灌到」小套房個案裡。中古套房雖然屋況較老舊，但個別套房之房東也可以增加家電、家具等等硬體設施來提升租金或售價；擁有整棟套房的房東也可透過整體協商，額外增加軟硬體設備及服務內涵，也都是有效增加套房「賣相」的作法。

以上都是積極面可增加投資套房賣相的策略，在消極面套房投資者也可多注意以下事項，確保產品將來在轉售時還能有所增值性。

其一是整體戶數宜多、單層戶數宜少

因為整體戶數須達到一定規模，才有足夠的管理基金與管理費，以支應水準以上之管理與服務。單層戶數少（最好在10戶以內），才可確保單層住戶之單純性與寧適度；一個樓層如果超過20戶住戶，就很難控制居家品質與住戶之單純性與寧適度。

其二是門禁管理宜緊不宜鬆

　　管理愈嚴格之套房個案，都可確保其增值性與保值性；管理愈鬆散之個案，也許出租很容易，但等到有一天要出售時，常看到的是「賺了租金賠了房價」的情形。

其三是注意小區域內之新供給量

　　有些人買小套房選擇之地段雖然是正確的，但是隨著小區域內新供給之持續增加，舊套房被淘汰或乏人問津的情形也屢見不鮮，以下就是實際的例子：

　　一名年輕人幾年前在台南嘉南醫藥大學附近買了一戶1,000,000元的新套房，大致符合上述大學商圈之地段抉擇，剛開始每月還有5,000元的穩定收益，年租金報酬率可達6％，看起來都還不錯。但是經過五年，現在每月4,500元的租金都租不出去，想要賣掉，附近仲介給他估的售價竟然只有500,000元，形成名副其實的「住套房」景象。造成這種現象，主要原因就是該大學周邊這些年來有更多的套房新供給出現，學生在新舊間租金價差不大情況下，自然會選擇新套房承租。

　　最後是通風採光也不能忽略。投資套房或是套房之使用者，對於該類產品是否有較好的通風採光好像都較不在意，可是在中古屋市場上，有較好的採光或視野之套房產品，還是享有較高的銷售價格。以知名的「戀戀台大」捷運共構案為例，較低樓層採光視野較差者，成交單價約在每坪450,000

元至490,000元之間,但可看到台大校園景觀者,其售價就可
高達每坪540,000元至560,000元之譜。

全台主要大學商圈套房租金行情

大學	套房租金 (元/月)	租金報酬率
台大、師大	8,000-11,000	2.5-4.6%
政治大學	7,000-8,000	4.2-5.3%
大同大學	9,500-12,000	3.5-6.0%
基隆海洋大學	4,500-6,000	5.6-6.5%
銘傳大學	8,500-11,000	3.2-6.2%
淡江大學、真理大學	4,500-6,000	4.1-6.0%
新莊輔仁大學	5,500-7,500	5.2-6.3%
三峽台北大學	5,000-6,000	4.7-6.8%
銘傳大學（龜山校區）	4,000-5,000	5.0-6.5%
中壢中原大學	3,000-6,000	5.8-7.2%
新竹清華、交大	6,000-8,000	5.3-6.9%
台中逢甲大學	4,500-5,000	5.4-7.2%
台中中興大學	4,000-5,500	4.8-6.6%
台中東海大學	4,000-5,000	4.8-7.6%
嘉義中正大學	3,500-4,500	5.2-7.4%
台南成功大學	4,000-6,000	4.6-7.1%
高雄中山大學	5,000-6,500	4.1-6.5%
高雄醫學院	5,000-7,000	4.3-6.7%

註：租金報酬率以滿租為計算基礎,套房單位面積6至10坪

要懂得跟在豪宅旁買屋致富

薛軻（化名）離開台灣旅居加拿大多年，在台北市內留下一戶老公寓長期空置。剛開始時，一些老鄰居還會聯絡表明想買下她的房子，不過，後來有很長一段時間都沒有這類的買屋訊息，直到2006年5、6月間，突然有好幾通台北房仲公司打來的國際電話，表明要幫忙處理房子的意願。其實薛軻並沒有賣房子的意思，因為要留間房子，好讓自己回台北時還有個落腳的地方，由於房仲人員都打電話追到加拿大來，她也好奇這些房仲會開出多少價錢來賣那戶房子，於是隨便問了一下價錢。原想35坪的老公寓，能賣個9,000,000元就算很好了，沒想到房仲開出的價格都在13,000,000元到14,000,000元之間，這令她興起想賣掉房子獲利了結的念頭。

場景轉到台北市信義區，宋賜軍（化名）在2003年SARS過後，在莊敬路上買了一戶十五年的公寓（33.4坪），總價7,000,000元，也就是每坪不到210,000元，但是在2006年7月底，對門鄰居把房子賣掉了，打聽一下才知道，那戶坪數28.5坪的房子，成交總價達8,850,000元，等於平均單價高達310,000元，也就是說，如果宋賜軍現在將自己的房子賣掉，至少就有

3,000,000元以上的獲利。表面上的投資報酬率高達四成七，只是當初房子是買來自住，現在賣掉就沒地方住了，早知如此，那時候就應該多買一戶，三年間就可賺個3,000,000元以上。

這些都是近幾年來親友之間常聽到的真實故事，當然這當中有一部分是因整體房地產市場買氣轉強帶動的效應，但有很大一部分是因區內有土地高價標售出去，或是有高價豪宅案推出的比價效應。像薛軻的例子，因為她的老公寓就坐落在大安區內的瑞安街，2006年3月2日信義聯勤俱樂部土地以天價行情售出，創下每坪2,840,000元的歷史天價，讓緊鄰該地的瑞安街預售豪宅房價應聲大漲，從每坪55萬一路調升至6字頭、7字頭，甚至市場上傳出「瑞安傑士堡」表價行情已經接近9字頭，此一現象讓區內的中古屋也跟著水漲船高。薛軻的房子雖然屋齡超過三十年，但在新預售豪宅已經站上每坪800,000元的情況下，她的房子賣個每坪400,000元，看來還是很便宜，怪不得房仲業者們都不遠千里的爭取這等難得的物件委託。

宋賜軍的例子也很明顯，因為莊敬路就在信義計畫區旁，信義計畫區豪宅成屋房價最高已經站上每坪百萬元，近兩年來即使是以小豪宅作訴求的「信義香榭」、「新川普」，其平均單價也都在每坪700,000元以上，當然在信義計畫區周邊的莊敬路、吳興街、福德街等平價區房價也都跟著沾光，特別是這些路段在先前房屋單價比較基期較低的前提下，一旦信義計畫區出現了高房價比價效應，房價漲幅就非常可觀

了。

事實上，近兩、三年來隨著國內房市回春，不僅一般住宅買氣嚇嚇叫，就連動輒數千萬，甚至是上億的高價豪宅，也都有一屋難求的情形。在豪宅貴氣逼人的比價效應下，豪宅周邊的平民中古屋也都跟著雞犬升天，這當中最典型的代表就屬上述的信義計畫區。信義計畫區近年來已經明顯的形成一個豪宅聚落，沒有三兩三是進不了信義豪宅門檻的，因此在月暈效應及比價效應之下，周邊平民低價屋也跟著節節高升，最接近的莊敬路是這樣，即使稍遠的福德街也是同蒙其利。

根據房仲業者的統計，福德街房價一向偏低，2002年至2003年之間，路段平均成交價都在每坪180,000元左右，是台北市區中少數200,000元以下的低價區，甚至還有每坪130,000

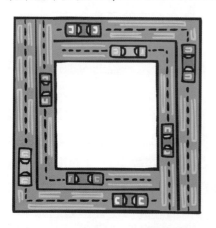

元的低價成交，但是2004年平均成交價已經站上200,000元以上，達每坪225,000元，2004年來到246,000元，2005年更已達到每坪273,000元，與2002年至2003年的成交均價比較，漲幅高達51.6%。這麼好的投資報酬率，當然會讓趕不上這班豪宅增值列車者，也都想跟進。

到底還有哪些地方會上演這樣的豪宅增值行情呢？當然

往豪宅高價推案周邊去找就對了。未來台北第一豪宅一定是落在大安森林公園周邊，目前「勤美璞真」單價每坪1,350,000元，同樣面對大安森林公園以天價成交的信義聯勤土地，未來新建案若推出，相信單價一定會比「勤」案更高一籌，因此大安森林公園周邊的街道甚至是巷弄中之中古公寓低價屋，如瑞安街、金華街等，都還會有更上層樓的機會。

另一個新形成的豪宅聚落大直大彎地區，也是帶動周邊中古低價屋行情的超級引擎，因此內湖路、文湖街、江南街等地中古屋也有上漲行情可期待。天母地區一直是北台北豪宅聚落代名詞，當地房價也將挑戰每坪900,000元區域天價；士林官邸旁還有個案要以百萬之姿出場。若這些價位真的都站穩了，顯然的在這些個案周邊的低價中古屋，一定也有不小的增值想像空間。此外台北縣新板特區豪宅已經站上每坪500,000元起跑線，周邊的中古老舊公寓，應該也會愈來愈吃香。

只是在各地房價一波波上漲後，很多位在豪宅旁的中古低價屋也都不再低價了，這時候是不是還適合到高價豪宅個案邊找中古屋投資？一般相信只要能抓住以下五個重點，現在應該還是可以適時介入的。

切忌追高單一天價豪宅旁中古屋

例如2006年在立法院周邊出現一個單價800,000元以上之個案，由於在其周邊不易再出現如此高單價的豪宅個案，因

此，其附近的中古屋房價雖也會被帶動，但因市場都會以該豪宅的價格作為特例解讀，所以附近中古屋還是比較不容易創造出「非分之想」的漲價空間，除非是做大幅度的拉皮工程，否則好價格還是不易因單一高價豪宅而塑造出來。

拉皮、改頭換面拉高行情

不管是位在豪宅群或是上述孤高的豪宅旁之中古屋，因為都有可以「高攀」的對象，因此不管屋齡多老舊，只要來個拉皮大工程，徹底改頭換面一番，即使房價「求乎其上」不可得，但「得乎其中」的目絕對是達得到的，投資這樣的中古屋一定不會吃虧。

以區內新成屋房價一半為購入單價之依據

買豪宅旁中古屋最怕誤判行情，因為賣方總會以隔壁最高行情來比較，以顯示自己價格之便宜，因此很容易發生誤判而買到價格已經「升級」的中古屋，所以判斷合理房價行情非常重要。老生常談之計就是要勤作市場調查，多看多比較，不過最簡單的方法是，以當地一般新成屋的均價做依據，再除以二就是購入這類中古屋的參考價。以仁愛路的「帝寶」豪宅案為例，目前單價在每坪1,100,000 元左右，千萬別以它的一半價（550,000元／坪）為購入平民屋的參考，而是以其周邊一般新成屋為比價基準，假如「帝寶」周邊一般新成屋平均價每坪700,000元，那麼平民屋單價在每坪350,000

元以內都是可以購入的價位。

臨主要道路，戶數少、樓層低、土地持分高者優先考慮

豪宅旁中古屋之所以會受市場歡迎，當然不是單純的與非富即貴人士為鄰的虛榮心使然，除了可享受水漲船高的比價效應之外，更重要的是可以著眼於未來改建之驚人利潤。所以若有更長遠的利益追求，在選擇地段時，以考量與豪宅為鄰為第一優先，選擇臨主要道路上、戶數較少、樓層較低、土地持分較高的產品做進一步考慮。具備上述條件者，未來建商要整合改建的機會比較高，當然將來分回的利潤也就更可觀。

唯生活機能是問

不論是買個普通住家，或是與富貴人家當鄰居，生活機能之完備同樣都是房價的主要支撐力量，未來要轉手時也不虞沒人接手。但是對於富貴豪宅之家，他們出入有車代步、採買有外籍幫傭、小孩上學有專車或校車接送，所以豪宅住家周遭有沒有公車站、捷運站、市場、學校，都不是其考量購入豪宅之重點。但一般平民百姓若也學人附庸風雅，而購入這類豪宅旁邊的中古屋，不僅會產生生活上的諸多不便，未來要換屋時，可能還會面臨求售無門的窘境。總歸一句，在購屋決策時，還是唯生活機能是問！

八不

不要中看不中用的草莓屋

在台北房地產市場曾流傳這樣一個故事，某個放暑假的大晴天，剛出社會的阿發約了三五好友到北海岸一日遊，當天大夥騎摩托車在山海之間，踏浪於海天之中，玩得非常開心。孝順的阿發每次出遊都會記得買個當地名產孝敬媽媽，不過，這回他卻是買了一戶海邊休閒套房回家，著實讓他母親大吃一驚！

怎麼會這麼輕易的在一天之內就買下一戶房子呢？原來業者在海邊搭建了一個非常漂亮的接待中心，裡面又有幾戶美輪美奐的濱海樣品屋，在碧海藍天之下擁有這麼一戶又美又富詩意的海邊休閒住宅，不是很多人的夢想嗎？更何況價格及付款方式又十分迷人──「總價兩百萬有找，只要一成自備款就可擁有一戶海邊夢幻屋。」

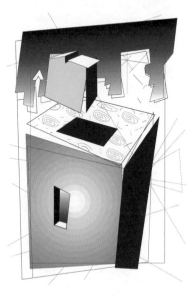

幾個剛出社會的年輕人，心想大家都有到北海岸遊山玩水的嗜好，共同買一戶海邊住家，誰有空

誰就可到海邊住住，而且以該房子之自備款及後續房屋貸款，四個人平均分攤還是很輕鬆的，因此很快的就在銷售人員的鼓吹之下做出購屋決定。

該故事是真是假，現在已無可考，不過接下來的場景，卻是從數十年前到最近都還一再在社會版新聞上看見。

陳叔與兩位當年軍中同袍相約，要一起去包圍他們投資的溫泉飯店，因為飯店經營業者答應的保證租金已經快一年沒付了，為了逼業者履行承諾，數十位散戶投資者群集該溫泉飯店，頭綁白布條，並試圖以人牆阻擋飯店人員及住宿遊客進出。另一方面業者代表接受媒體採訪時，直接表明一年多來飯店生意不好，已經無力負擔保證給投資者的租金收益。

類似的房地產投資個案，早期知名的有芝麻酒店及現已改建為台新金控總部的財神酒店，兩者都是打著「當大飯店房東」的迷人招牌，以低總價高獲利吸引社會大眾投資，到最後因為經營不善或是經濟景氣轉差的情勢之下，投資不但無法獲利，連本都拿不回來。

上述阿發及陳叔的例子，顯然的他們都買到了房地產市場上所謂的「草莓屋」！

事實上，像這樣的購屋行為在目前國內房屋市場上仍然十分普遍，特別是近年來房貸利率持續處在低檔，購屋門檻很容易就跨過，於是購屋年齡也愈來愈低，不僅六年級生已然躍為市場購屋主力，連七年級生也開始出現在房屋市場上，只是買到「草莓屋」的情形仍屢見不鮮！

　　所謂「草莓屋」（strawberry house）是對照草莓族而來的。主體都是草莓，草莓的外表雖然好看但不耐久放，更不堪用力一捏。目前社會上稱呼七年級生（有時也包含六年級生）是草莓族，不耐磨又不耐操；七年級生最大的本錢是青春，但最缺乏的卻是經驗，因此出現在房市的七年級生幾乎都是首購族，在經驗不足、資金有限、感性與想像無限的環境之下，這一族群反而最容易被「草莓屋」所吸引，特別是在購屋門檻大幅下降之下，草莓族進入房屋市場而買到「草莓屋」的機率就大增。

　　國內房屋市場上這類外表似耐看卻不耐用的「草莓屋」，最典型的有以下幾種：如夢似幻、如詩如畫的休閒住宅，金玉其外、敗絮其中的裝潢屋，不高不矮的夾層屋以及包租保賺屋。如何避開這類中看不中用、傷了心也傷了荷包的「草莓屋」，事實上已不僅是現在六、七年級生在踏入社會時必修的第一門課，也是一般民眾購屋時不能不認真面對的課題！

如夢似幻、如詩如畫的休閒住宅

　　每年一進入夏天就是休閒住宅上場的熱季，在山巔、在水涯，一座座裝點得如夢似幻、如詩如畫的休閒住宅個案，就開始向年輕人召喚。如夢似幻休閒住宅正是「草莓屋」的最典型代表，這類休閒住宅一般都是定位為第二個家，因此可能出現以下缺點：

(1) 每年使用機率很低

在使用率不高的情況下，真的有興致到此屋度假，第一個動作卻是要先來一番大掃除，將遊興都打消掉了，這正是成了為了喝一杯牛奶，而養一頭牛的實例。與其如此，還不如拿這兩、三百萬到全國或全球去旅遊、住高級飯店，還划得來。

(2) 一交屋就開始跌價

休閒住宅個案大多是離塵又離城，交通不便，所以最常見到的狀況是，房子一交屋就如一部新車輪子落地，就開始折舊、跌價，它不可能像市區內的房子，既可以保值又可以增值。

(3) 公共設施使用惡性循環

休閒住宅個案因為是以休閒度假作訴求，所以都會規劃多項公共設施，包括游泳池、健身房、KTV等，但在使用率不高的情況下，這些設施的管理維護就更不容易，結果到最後大多閒置、乏人使用，於是形成一種惡性循環，久而久之就更沒有人去用了。

(4) 沒有二手市場（轉手無門）

很多人買休閒住宅都存有一個夢想，反正總價不高，到時真的不要，還可以賣掉變現；但是實際狀況是，當你想賣時，根本沒有人要幫你賣，因為太遠了，連房仲業者都沒有意願幫忙賣，因此即使真的有增值，也無法獲利了結。

金玉其外、敗絮其中的裝潢屋

隨著近年來房屋市場買氣轉強，又可見到很多的房屋投資客活躍於各地房市。投資客最擅長重新包裝產品，他們的操作模式是以低價買下破破爛爛的房子，經過裝潢手段化腐朽為神奇，在絢麗包裝下將合理房價與房子真實面貌都隱藏在其中。首次購屋者，往往只看到裝潢外表就做起築巢大夢──擁有一個屬於自己的家，於是衝動的下訂買屋。等到夢醒時分，才發現這類裝潢的單價高得離譜，通常高出同地段行情兩成以上；管線住沒多久就出狀況，不是漏水就是漏電，還得敲掉裝潢才能加以維修，裝潢的材質也是次級品，沒多久就變樣了。這是第二種「草莓屋」！

不高不矮的夾層屋

夾層屋是高房價時代之下的產物。在都會區中能有一席立錐之地就已經很不容易，因此誰都不會拒絕在有限的空間中再隔出另一個小空間，很多夾層屋就變身成為神奇魔術般的小樓中樓，是很多單身貴族或是粉領族的最佳選擇。但這類產品在實務上面臨的問題就是實用性不夠，因為原始高度不夠，再做出夾層後，不是人

在下層無法直立,就是上層只能當儲藏室。

　　一般而言,撇開合法性的問題不談,夾層屋基本上要有4米以上才符合正常居住需求,只是不少代銷業者或是建設公司,都是利用預售階段放大尺寸的美美樣品屋吸引購屋人,等交屋後,再經裝修完成,才發覺根本不是那麼一回事!

　　何況夾層屋還是屬於實質的室內違建,隨時有被檢舉拆除的風險。最重要的是,一棟大樓都有其原本設計的承載重量,一旦該大樓每一樓層都做出夾層,其增加的重量是否符合原來的安全設計要求,都是夾層屋令人擔心的地方。

包租保賺屋

　　包租、保證賺錢的房屋個案雖然在房屋市場較為少見,但每隔一段時間還是會有人大打包租、保證賺錢的廣告訴求吸引投資人。這類產品大致分為兩類,一種是著名大學商圈內的學生套房個案,另一種是飯店式經營的個案。這類個案往往打出高達6%至8%的高租金收益,以誘人的獲利前景吸引投資客,不只市場經驗不足的六、七年級生心動,對一些家庭主婦、退休族也都有致命的吸引力。只是睽諸過去的例子,這類個案要能成功,除非建商財力雄厚、形象極佳,而且該產品本身要具有市場性,否則業者給的承諾最後還是可能會跳票的。天下沒有白吃的午餐,這種誘之以利的「草莓屋」有時比玻璃屋還不切實際,輕輕一碰就什麼都沒有了,最後還要背一屁股房貸呢!

　　六、七年級生也許不一定就是不堪一擊的草莓族，但如果夢想多過現實，感性多過理性，很容易就會買到這些「草莓屋」，不可不慎啊！

草莓屋面臨的問題

草莓屋	潛在問題
休閒住宅	·使用機率很低 ·一交屋就開始跌價 ·公共設施使用惡性循環 ·沒有二手市場
裝潢屋	·合理房價被隱藏 ·房屋瑕疵被掩蓋 ·裝潢材質低劣
夾層屋	·高度不夠、實用性不足 ·屬於室內違建，有被報拆之虞 ·建物是否安全
包租保賺屋	·高利誘惑，無力實現 ·建商形象及財力不足 ·產品市場性不夠，易受景氣影響

不要危險山坡地住宅

「我見青山多嫵媚，料青山見我應如是。」很多人都有這樣的想法，何況有時很多人還會感覺到「遠山含笑」，所以能夠近山、親山是很多人都有的夢想。

小珍就是這樣一個樂山的仁者，所以當她在台北郊區看到有前後院、有天有地的透天房子，就被深深的吸引了。數度與家人驅車去看房子之後，她一直慫恿老公，將市區的小房子賣掉，搬到郊區的山上居住；但是一向較理性的小珍老公，除了覺得郊區生活機能不足及交通不便之外，也老覺得山上居家安全值得顧慮，何況過去還發生過令很多人家破人亡的「林肯大郡事件」，使得他真的有點為難，到底要不要買山坡地住宅呢？

事實上，台灣有三分之二的土地都屬山坡地，所以「我家住在山坡上」的機會非常普遍。近幾年來也有很多新房子

蓋在山坡地上，所以像小珍一家人的問題應該不是「要不要買山坡地住宅？」而是「如何避開危險山坡地住宅？」只要深入調查了解，不被山上表面的風光美景所迷惑、避免走進危險山坡地住宅的陷阱，小珍一家人還是可在山上找到安身立命的美麗家園。

避開危險山坡地住宅入門三招

☆ 選舊不選新
☆ 慎選有信譽之開發建商
☆ 跟現住住戶打聽

選舊不選新

在國內工程界流傳一個說法：「山坡地住宅社區有七年之癢」，也就是說山坡地住宅社區在經過大地工程、開發興建，到有人進住，不論是建物與大地之密合度、排水系統之運作，或是社區之成熟度等，都要經過一段較長的時間考驗，才能斷定該山坡地開發案之穩定性與安全性。因此選擇山坡地住宅社區的入門第一課就是要「選舊不選新」──已經開發完成至少七年以上、期間如果沒有發生任何意外之山坡地住宅社區，其安全性就無庸置疑！

慎選有信譽之開發建商

山坡地開發建商過去有無開發山坡地社區的經驗，事關山坡地住宅的安全與否，因為在山上蓋房子跟在山下蓋房子，技術層次相差很多。開發山坡地，事前的地質探勘、整地、排水等準備工作既多且雜，而且每一項都是馬虎不得的，所以有沒有經驗就非常重要了。舉一個簡單的例子，正常情況下，大家都會選搭老手駕駛的車上路，因為新手駕駛的車坐起來總會有點怕怕的。同樣的道理，有經驗的開發商絕對優過沒經驗的開發商，沒經驗的風險相對較高；但對於有經驗的開發商，還要進一步確認其過去開發之山坡地社區有沒有任何不良紀錄，所發生的情況都必須要打聽清楚。

跟現住住戶打聽

跟使用過的人打聽產品品質及廠商信譽，這是很多人買家電或汽車等高價產品都會做的動作。購屋當然更不能免掉這一個動作，何況是危險性較高的山坡地住宅，更要向現住住戶仔細詢問社區以往之安全紀錄，以及交屋後建商對於社區住戶反應的處理態度，甚至於要進一步了解建商是不是有後續之開發計畫，後期之開發會不會影響現在社區及住戶安全。全盤了解之後，方能確保住戶人身及財產之安全。

避開危險山坡地住宅高段六招

如果購屋人本身，或是有親友有建築土木工程方面專業

知識背景，則可從以下六個更專業的面向，去排除危險山坡地住宅：

☆ 基地坐落坡度大小

☆ 基地地質屬性

☆ 是屬順向坡或是逆向坡

☆ 是否位於舊礦坑之上

☆ 基地是否回填

☆ 是否位於斷層帶

基地坐落坡度大小

　　山坡地住宅所在基地坡度大小對於居家安全影響有多大，只要走過中橫公路或是蘇花公路的人就很清楚，因為大部分路段都是陡峭的山坡，所以不時會有零星落石掉落，遇上惡劣天候，更常見驚人巨石從天而降。同樣的道理，山坡地住宅所在坡度愈大，住戶面臨的不確定風險就愈大，1997年汐止「林肯大郡」事件就是坡度過大強行開發的結果，政府建管單位在該不幸事件後，就特別修訂山坡地相關的建築規定，將山坡地不得建築的坡度從平均坡度55%降到40%，不過實務界認為平均坡度30%以下較佳，當然5%至15%之緩坡地區較適合房屋建築。對一般民眾來說最簡單的檢驗方式，就是騎輛腳踏車，看看騎上山坡時費力的程度，就知道其坡

度是大是小了。

基地地質屬性

　　台灣地層結構十分複雜，所以在建築興建之前都會先做地質探勘，山坡地住宅社區因為佔地廣，地質探勘的鑽探數量更要比平地住宅多。就工程界而言，大家都知道地質以岩盤及卵、礫石層的地質較佳，建築蓋在上面當然安全度最高，特別是岩盤，很多豪宅更是強調其基樁深打入岩盤裡，以凸顯其「固若金湯」的安全無虞。相對如果是砂質黏土或是沉積細砂，其支撐力道就較弱，而且含砂量愈高的土壤，穩定性就愈差，容易造成建物崩塌的危險。這些地質探勘資料都可請建商提供，以判定是否要買該山坡地住宅社區。

是屬順向坡或是逆向坡？

　　何謂順向坡？何謂逆向坡？對很多民眾來說可能就聽得一頭霧水了，更別提要選何者較安全了！簡單舉個例子，大家就很容易清楚，手拿一疊撲克牌，將之逐步傾斜，就可看到愈上面的紙牌愈容易往下滑，這就是順向坡作用的模式，顯而易見它是較危險的。一旦順向坡坡度過大，因滑落造成下方建築崩塌的風險就愈高，這也正是當年林肯大郡住宅大樓倒塌的原因之一。相反的，如果將紙牌分為兩疊，並以反「人」字形方式排列，即使上方的坡度再高，因為有一個在更底層的坡將它擋住，就如車子停在山坡有顆石頭擋在輪下一

樣，它要向下滑落的可能性會減少很多。這樣的資料當然也要業者提供，平常人從建案現場是看不出來的！

是否位於舊礦坑之上？

　　台灣早年有些地方都有煤礦、金礦的開採，或是有早期挖通的逃難坑道，經過多年後，可能早就被人遺忘了，萬一建管單位又不小心在這種條件的建地核發了建築執照，將來建築物的安全就堪虞了。以前基隆就有一個大型開發案，傳言就是位在舊礦坑上！民眾為了確保身家性命安全，可自行調閱都市計畫圖，或請業者提供都市計畫圖，像台北市都市計畫圖就會將舊礦坑位置標示出來。

基地是否回填？

　　山坡地上要蓋建築物，開發業者常常會從高處挖下土

方，填平較低的地方，將基地的坡度落差拉近，如果短時間內就在回填的地方蓋起房子，因為回填區還不穩定，其承載力也較弱，很容易造成房屋傾斜或倒塌。這也是入門三招中特別強調「選舊不選新」的原因，為的就是怕碰到這種回填區的情形。

是否位於活動斷層帶？

台灣位於歐亞大陸板塊和菲律賓海板塊交界處，屬環太平洋地震帶一部分，地震活動非常頻繁，島內更是有五十多條活動斷層帶，一旦發生大地震，斷層帶上的建物倒塌及人民傷亡就會很慘重。1999年中部「九二一大地震」就以車籠埔活動斷層帶兩旁受害最嚴重。所以如果該山坡地住宅又位於活動斷層帶附近，危險性不是更高嗎？即使國內現行建築技術規則對於活動斷層兩側不得開發建築之寬度，依歷史上最大地震規模而定，在30至100公尺之間，其風險仍是比未處於活動斷層附近的建物要高上許多。

只要確知基地附近是否有活動斷層帶，能夠閃避就閃避，而且能閃得愈遠愈好！至於活動斷層帶可上經濟部中央地質調查所（http://www.moeacgs.gov.tw/）查詢，目前該所提供普查結果的小比例尺台灣活動斷層分佈圖供民眾參考。另外，中央地質調查所也是一個可以諮詢的專業機構，民眾若需諮詢該所地質人員，要自行備妥建案所在地形圖、行政區圖，以比對該所活動斷層之資料。

除了上述的防患招數之外，現在政府建管相關單位及學術機構，也都有提供完整的山坡地住宅安全注意及檢測事項給民眾參考，如內政部營建署所提供的「山坡地住宅安全自我檢測項目」，就是一份非常實用的資料，可讓民眾自行檢測。如果民眾還想對這方面進一步深入探討、了解，可進入下列網站或網址查詢：

內政部營建署

http://www.cpami.gov.tw/pwi/br/br_a1.php

林肯大郡山坡地議題網站

http://lincoln.tacocity.com.tw/index.html

山坡地住宅安全自我檢測項目

一、 周圍環境檢查

1. 房屋是否在山谷邊緣或山崖之上？ □是 □否

2. 坡面上的樹木或電線桿是否有傾斜現象？ □是 □否

3. 坡面或路面是否出現裂縫？ 如是，裂縫分佈 □密 □疏

二、 房屋外圍現象檢查

1. 社區是否有擋土牆？ □是，高度約＿＿公尺，距房子約＿＿公尺
 □否

2. 擋土牆是否有異常出水現象？ □是 □否

3. 擋土牆是否出現外凸變形或龜裂？ □是 □否

4. 擋土牆牆腳是否有落石或小石塊堆？ □是 □否

5. 山坡坡腳是否有落石或小石塊堆？ □是 □否

6. 社區是否有提供降低洪水流量或攔截土石之水池？ □是 □否
 如是，是否經常保持通暢及保持正常使用？ □是 □否

7. 排水溝是否有龜裂？ □是 □否

8. 排水溝於豪雨時是否能保持順暢？ □是 □否

9. 房屋周圍排水溝是否有裂縫或出水量異常？ □是 □否

10. 房屋周圍樓梯或排水溝與建築間是否產生開裂落差？ □是 □否

三、 房屋現象檢查

1. 靠近山邊房屋之牆壁或地下室是否有滲水或發霉現象？ □是 □否

2. 房屋地下室之地板或角落是否有裂縫或凹凸不平現象？ □是 □否

3. 房屋梁柱是否有裂紋、歪斜或鋼筋外露之現象？ □是 □否

4. 房屋隔間牆是否有粉刷層裂開形成斜向裂縫？ □是 □否

5. 房屋外牆磁磚是否有剝落現象？ □是 □否

6. 房屋門窗是否因結構體或門窗本身變形而產生開關困難或無法使用現象？ □是 □否

7. 屋內裝修材料，如懸吊燈飾、靠牆衣櫃或書櫃是否有傾斜或生鏽現象？ □是 □否

8. 房頂水塔進水量是否不穩定？或水壓異常？或自來水水費暴漲？ □是 □否

不要輻射屋、海砂屋

陳先生最近想要買房子，也透過仲介業者看過幾間房子，不過從媒體新聞報導中，看到有人買到可能引發致癌危險的輻射屋，也有人買到整片天花板、整面牆水泥塊一塊塊掉下來的海砂屋，這些根本無法正常居住的房子隱藏在茫茫房市中，讓他更加擔心自己會不會成為下一個受害者。更令陳先生擔心受怕的是，據電視報導，原能會在他工作的附近，偵測得一處住宅社區的表面輻射劑量值，以一年計算就等於是照了1,822張X光片之多，所以他在找屋過程中也格外小心！

輻射屋

所謂輻射屋是指房屋建造時所使用的鋼筋或其他建築材質受到輻射污染，這種受到輻射污染的鋼筋會產生對人體造成傷害的放射性物質。國內從台北市松山區「民生別墅」發現首例輻射屋，到現在總計共有1,656件污染戶，證實某些建築鋼筋確實遭到輻射污染。

就目前已發現的輻射屋來看，形成的原因主要來自於輻

射鋼筋。而輻射鋼筋之由來，業界說法是過去台灣拆船業發達，大小船都拆，其中也包括一些醫療實驗船，搭載原子彈、核子彈的航空母艦，這些船艦如果受到輻射污染，經拆解後熔化製成鋼筋，就是輻射鋼筋的來源之一。

另外，學界說法則大都傾向於煉鋼廠買進混雜於其中的輻射源，將其一併熔入熔爐，鋼筋製造過程因熔爐溫度高，須利用同位素鈷60照射來測得液態鋼熔液液位高低。雖然鈷60密封在阻絕輻射線容器中，但因作業場所高溫高濕，容器較易鏽蝕，一旦輻射源掉入熔爐內，就會產出輻射鋼筋。尤因鈷60射源其性質與鐵十分近似，一旦熔解立即與鐵熔液相融合，而製成鋼材，這就產生了輻射鋼筋。當然因報廢輻射源廠商任意棄置，或當作廢五金處理，經回收後，進入熔爐製作鋼筋，也會產出輻射鋼筋。

如何避免買到輻射屋？

由於目前已經發現的輻射屋大都坐落在北台灣，其中又以1982至1984年間興建的房子屬於高危險群。根據行政院原子能委員會截至目前的偵測及評估結果，所有已經發現的輻射屋，雖然陸續發現其他年份建造的案例，但主要是局限於1982至1984年建造之建物，其使用執照核發日期在1982年11月至1986年1月之間。因此，買中古屋時如果發現其完工落成時間是落在1982年11月至1986年1月之間，又屬北台灣之中古屋，就應特別主動要求做輻射檢測，才能確保不會買到輻射屋。

行政院原子能委員會已將查出的輻射屋資料放置在查詢網站上，民眾可以上網，輸入住家詳細的門牌號碼，就能知道自己的房子或要買的房子是不是輻射屋；但原能會只提供個人資料查詢，不提供全國的輻射屋名單資料。另外，一般建築師、結構技師公會也會出借計測器供民眾使用。如懷疑住家遭輻射鋼筋污染，也可向原能會索取「熱發光劑量計」（TLD）貼掛在屋內，然後再送至核研所進行解讀，即能查明該房子是不是輻射屋。

如果害怕在不知情下買到中古輻射屋，現在國內大型房仲公司都有提供客戶「輻射屋」的安全檢測服務，讓消費者安心。如果買的是預售屋，也可以在簽約時要求建商簽下「無輻射鋼筋」之保證。因此，不論是現在住的、想要賣出或是希望買進的房屋，最好都能盡速委請經政府認證的合格檢測單位，進行輻射屋的檢測，並取得「非輻射屋」的證明文件，以保障家人的人身安全及維護不動產的價值。目前檢測費用除了原能會免費外，其他民間公司均依坪數大小計費。

不幸買到輻射屋怎麼辦？

· 輻射屋如果是在1994年1月13日消保法立法之前購置，而廠商是在知情的情況下，則建商在簽約後十五年內，營造商、砂石廠在興建起十年內，觸犯刑法第193條公共危險罪嫌。

· 如廠商均毫不知情，只能在保固期限內進行求償。

· 行政院原委會在以下狀況下，會有不同的救濟措施：

- 輻射劑量在0.5侖目以上，應由衛生署辦理冤費健康檢查，如有發現病變要長期追蹤治療。此外，也可申請減冤房屋稅。
- 輻射劑量在1.5侖目以上，得向原委會申請依合理價格收購，或補助改善工程款費用半數。不願讓售者，可向原能會申請，收購價格5%給予一次救濟，以作為移居他處的費用，但最高以500,000元為上限，申請補助改善工程費用半數者，其最高也是以500,000元為上限。
- 輻射污染如果在0.5侖目之間，可申請移居費用200,000台幣，以及每戶最高上限400,000元的工程改善補助費。

- 經原委會評定後可重建者，應於三年內申請依原建蔽率重建，或於原容積30%之內適度放寬其限制。
- 經原委會收購重建者，可於重建後六個月內向原能會以原讓售價買回。

海砂屋

　　所謂海砂屋，是指蓋房子使用「未經處理的海砂」，就建築工程實務而言，海砂並不是不能蓋房子，但是如果沒有妥善處理，其中含有過多泥砂雜質及氯離子，會破壞混凝土的強度，特別是海砂中含有氯離子，短期會使牆面滲出白色的痕漬，即俗稱的「壁癌」，長期則會加速腐蝕鋼筋，造成混凝

土塊剝落，嚴重損害房屋的結構體。根據海砂氯離子濃度與建築物使用年限的研究顯示，在台灣，海砂屋可能只有六至十年的使用壽命。

如何避免買到海砂屋？

在中古屋市場，就有少數屋主為求脫手，而以裝潢來掩飾其海砂屋，所以也不時傳出買方被欺騙的購屋糾紛。所以民眾如果要避開買到海砂屋，有以下四種簡易的辨識方法：

1.打聽建商以往興建社區的住戶

海砂屋的徵兆，要數年以上才會明顯，打聽建商以往興建的社區是否出現海砂屋，是簡易自保的一個方法。

2.檢視地下室或公共設施

如果真的是海砂屋，屋主能掩飾的只有他的房子，社區公共設施或是地下室停車場是無從用裝潢掩飾的，海砂屋最明顯的徵兆，就是混凝土塊大面積的掉落，看這些地方混凝土塊的附著情形，或是混凝土塊掉落的情形，就可判別是否為海砂屋。

3.打開天花板檢查

如果屋主有裝潢，也可要求打開天花板檢查看看，注意天花板內、牆面上是否產生裂縫，特別是這種裂縫若跟鋼筋的走向相同時，可能就是海砂屋，由於是使用海砂，鋼筋若在牆壁裡頭鏽蝕就會形成裂縫，而這裂縫當然就會跟鋼筋的走向相同。

4. 主動委託專業檢測單位做檢測

　　購屋者若用肉眼無法辨識是否為海砂屋，心中仍有疑慮時，除可要求屋主提供海砂屋的檢測報告外，也可自行委託專業檢測單位做檢測，來判別是否為海砂屋。

不要以為房市不會泡沫化

何謂房市泡沫化?

　　從去年下半年開始,不論國內或是國外,都有很多聲音在擔心、在探討房市泡沫化的問題。然而到底什麼是泡沫化?為什麼大家都擔心泡沫化?

　　房市泡沫化,是指一地房地產的價量都推升到一個相對高點,價格高到一般民眾無力負擔的地步,供給量遠高過市場正常需求。一旦房市出現這兩種現象,即意味著房市景氣即將反轉向下,供過於求的市場賣壓,將使過高的房價壓回到一個較合理的位置,這時候市場骨牌效應就會發生,建設公司積壓存貨、無現金周轉、跳票倒閉等情事開始出現,接著這些爛攤子都會丟給承辦貸款的銀行機構,銀行呆賬(none-performing loan, NPL)大舉增加、經營風險隨之上升,最後就可能產生所謂的金融風暴,這是各國政府最怕看到的情況。

　　過去台灣房市也發生過幾次過熱的情形,最明顯的是1973至1974年、1979至1980年以及1987至1989年三波景氣高峰,當時政府擔心發生上述的情形,所以有追查購屋資金來源、空地限建、選擇性信用管制等行政措施來冷卻過熱的房市,套用大家最熟知的一個名詞就是「宏觀調控」。

　　近兩年來，中國大陸房市持續「紅火」，因此也就引來中南海高層高度的關心，萬一眞的產生房市泡沫化，不僅將影響到即將到來的2008年北京奧運、2010年上海世博會，更可能造成中國金融體系的整體崩解，所以這兩年來才會有一連串出台的「宏觀調控」政策，最終目的是要讓房市回歸正常。依此情況來看，中國大陸的房市宏觀調控力道，短時間內還不會有放鬆的跡象。

　　若要說國內房市泡沫化，最典型的例子應屬1997至2001年這段時間，因爲在1990年第三波房景氣高峰宣告結束，國內房市開始走下坡，但是從1991年起國內建商在政府將全面實施容積率的政策推動下，卻逆勢持續推出大量的預售屋個案，於是形塑出一種市場榮景的假象，而這個假象在1996年達到最高點，當年曾創下建物買賣移轉件數（房屋交易量指標）高達500,000件的歷史紀錄。

　　只是這樣的市場假象正是一個標準的市場泡沫化，到1997年假象就開始破滅，從此開始，市場交易量價都逐年衰減，到2001年建物買賣移轉件數只剩下259,000件，還不到260,000件，只有1996年的一半強，各地房價也都跌落到歷史低點。當時英國經濟學人雜誌曾預言台灣將發生本土性的金融風暴，其論點也就是台灣房市價量跌跌不休可能引發的連鎖效應！

不要以爲台灣房市不會泡沫化？

　　台灣房市會不會泡沫化？是最近報章雜誌上常出現的討論議題，特別是在很多地方房價都創下歷史新高之後，這樣

的擔心也在消費者端擴散開來；但台灣房市究竟會不會泡沫化，恐怕不是從單一的指標就可斷然推論的，從市場實務面及學術理論面來看，一個地方的房地產市場會不會泡沫化，應該由以下幾個面向來綜合判斷：

☆ 市場新供給量與銷售率
☆ 空屋率
☆ 投資客比重
☆ 個別區域供需
☆ 個別產品供需
☆ 利率高低

市場新供給量與銷售率

供給與需求是經濟學上最根本的問題，所以若一地之房屋市場的新供給不斷拉高，但是銷售率卻不升反減，這種狀況只要持續一段時間，供過於求的市況就會愈來愈嚴重。以房屋市場供需同時指標第一次總登記棟數（新供給）與買賣移轉棟數（需求）

的「供給需求比」來看（詳如附圖），2004年是一個分水嶺，2004年之後房屋市場「供給需求比」有逐年上升的趨勢，顯示市場新供給增加的速度變快，但同時間市場需求是在減緩的。

2004年台灣房屋市場「供給需求比」是31.3%，也就是說當年市場上有10間房屋（包括新舊屋）賣掉，但同時間有3.1間新供給釋出。到2006年房屋市場「供給需求比」上升到38.6%，也就是說當年房屋市場上有10戶房屋成交，但同時間有3.8戶新供給釋出，顯示市場新供給賣壓漸趨沉重，只不過還不到市場反轉的地步，與1991至2001年（典型房市泡沫形成期及真正泡沫化期）年平均「供給需求比」高達69.2%相比，還有一段不小的差距。

不過若將時間往後推移兩年，以近兩年買賣移轉棟數年增率都在4%上下來看，未來該指標成長趨緩已經是個不可改變的事實，2007年及2008年的年增率預估不會超過3%。相對的在新供給方面，卻還是逐年在上升，以近兩年來建築執照的申請數量推估，新成屋都將在2007年及2008年間完工釋出市場。因此台灣房屋「供給需求比」將從去年（2006年）的38.6%，一舉跳升到今年（2007年）的51.6%，2008年更會正式突破60%，臨界房市泡沫化的邊緣。

所以若目前市場上預期的政黨再輪替、兩岸三通都沒有發生的話，2008年在市場新供給及需求指標上，就將實質面臨泡沫化的危機，不過在今年內還是看不到此一危機的！

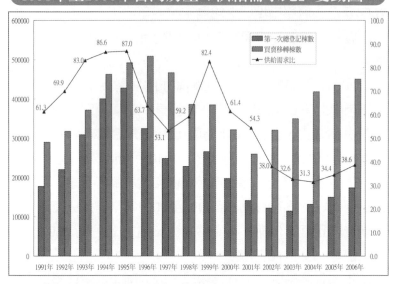

1991年至2006年台灣房屋「供給需求比」變動圖

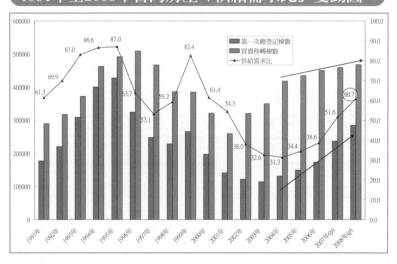

1991年至2008年台灣房屋「供給需求比」變動圖

資料來源：內政部統計處、本文整理

空屋率

一地房屋市場的供給量若常高於需求量，隨之而來的就是空屋率的逐步向上攀升，空屋率到達一定程度，就可能引發房市泡沫化。

根據主計處的戶口普查資料顯示，1980年及1990年台灣地區的空屋率一直維持在13.1%至13.3%之間，當年房地產市場景氣都是處在相對高點。不過經過1990年後，長逾十年的不景氣，2000年台灣地區的空屋率一下攀升到17.6%，空屋數也來到1,230,000戶，雙雙創下歷史最高紀錄，台灣房地產景氣也跌落到十年來的最低點，迫使政府不得不出手拯救國內房地產市場，也才會有後續一連串低利優惠房貸釋出、土增稅減半徵收等政策出爐。

經過政府之努力及市場供需的進一步調整，近年來國內房市確實又重現生機。根據內政部營建署的調查，截至2005年，台灣地區空屋率及空屋數明顯下降，空屋率降至13.9%（接近1990年的水準），空屋數也降到1,030,000戶，都是五年來新低。另根據市場銷售表現來看，到2006年空屋數及空屋率應該還在往下降，但隨著上述新供給的持續增加、需求的趨緩，2007年以後空屋數及空屋率恐又會往上走升，只是就目前來看，該指標還未達泡沫化的程度，以2000年的經驗值來判斷，台灣地區空屋率要達到15%以上才會有泡沫化之虞。

台灣地區空屋數及空屋率變動圖

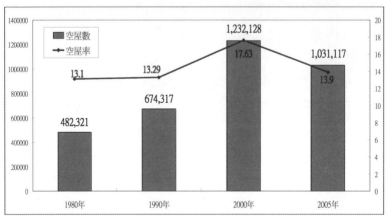

資料來源：主計處、營建署

投資客比重

　　投資客比重的高低一般被視為是房市的一大不確定因子，因為投資客對景氣敏銳度最高，當景氣走升之際，投資客一定跑第一，而且是大舉出現。但當景氣要走下坡之際，投資客必然也是第一個先「落跑」，而且是瞬間集體消失，使得原來是市場重要買盤的需求方，反轉成為房屋市場之供給方。當然投資客所佔市場比重愈高，其反轉後所產生的殺傷力道也就愈高，所以這也是觀察房市是否泡沫化的重要指標之一。

　　根據台灣地區購屋需求調查，2003年第四季，全台購屋民眾當中屬於投資需求者佔全體的15.7%，隨著景氣的益趨熱

絡，到2006年第四季該調查投資客比重已高達22.8%，其中台北市最高，達到31.4%。學術界一般認為一地房屋市場投資客超過三成，就是房市要泡沫化的臨界點，何況在實務界不論是房仲業者或是代銷業者，都表示目前實際上投資客的比例是比該調查所顯示的還要高。以此觀察，投資客比重為房市是否泡沫化的跡象與指標。

台灣購屋需求目的比重分析圖

資料來源：經建會，台灣購屋需求調查

個別區域供需

由於房地產市場具有很高的異質性及在地性，所以若從

整體市場的觀點探討房市會不會泡沫化，常常會落入見林不見樹的盲點中，實務上從個別區域市場的供需來觀察，更能真切的發現個別市場是不是會泡沫化。

以過去三年多來全台各地個別市場之房屋供給及市場表現來看，北部的三峽、林口及淡水等地，桃竹地區的南崁、縣治二期，以及高雄農十六等地區，這幾個地方土地庫存源源不絕，過去三年來的預售推案都非常可觀，但需求客源上卻又高度倚賴外來客源，因此很容易出現供過於求的窘境，所以是較有可能面臨區域房市泡沫化的地區。不論是業者推案或是民眾購屋，對於類似地區都要更加小心。

個別產品供需

在房地產市場上有時候並不見得是區域市場出現泡沫化，反而是個別產品出現泡沫化。因為在過去一段時間內，有些特定的產品，已經出現新供需持續放大、投資客比例過高、空屋潛在賣壓日重的泡沫化問題，其中最為大家熟知的就是小套房。北台灣預售市場豪宅與小套房兩極化的情形相當明顯，豪宅因單戶面積大，所以相對戶數較少，加上豪宅買家財力雄厚，也較不受經濟景氣影響。

相對的，小套房單戶面積小、戶數多，買家大多是經濟較弱勢的一群（因購買門檻低），加上投資客比例非常高，市場上幾個熱門的小套房個案，甚至傳出投資客比重高達六、

七成的不正常現象，所以一旦市場反轉，這類產品首先泡沫化的機率最高。

另外，還有一類不動產之景氣前景也值得高度觀注，那就是土地。它是不動產市場上買賣的一項產品，也是建築業者推案的重要原料。隨著國內房市的持續熱絡，建築業者需地孔急，於是對於土地的取得，已經到達「不計代價」的地步，明顯脫離合理地價之估算，當市場上土地被炒作到如此不理性的地步，除非房價還可再突破新高，或是業者可取得足夠容積移轉，否則泡沫化的機會是很高的。

利率高低

上述幾個指標都是觀察一地房市是否泡沫化的重要觀察點，不過大家都知道，台灣這波房市景氣多頭，最主要是拜低利率之賜，何況市場上又一直有通貨膨脹的壓力，只要有一點積蓄的人，大多會想持有或多買一戶房子，既可保值又可增值，所以這波房市會不會反轉的關鍵，就在於房貸利率的高低。目前國內房市普遍已經形成一個共識，那就是「利率不升，房市不死」。

反觀國內房貸利率走勢，即使中央銀行已經十七度調升利率，但是國內房貸的重要指標——五大行庫的平均房貸利率，並不見同步走升，到去年底五大行庫的平均房貸利率還是處在2.281%的低點，與這波房貸最低點2.241%差距不大。這背後最重要的因素，是國內金融機構「爛頭寸」太嚴重了，房貸已成金融業者最主要的放貸對象，所以大家紛紛以

最優惠的條件來搶房貸客戶，即使最近銀行業者也開始擔心房市泡沫化的問題，對房貸客戶審核趨嚴，但只要是正常的購屋民眾，要取得房貸是毫無問題的。

　　就資金市場走勢觀察，到明年（2008年）總統大選前，國內房貸利率要大幅走高的機會很低，原因之一是國內經濟景氣仍不佳，拉高利率會更衝擊投資意願及內需消費信心。原因之二是衝擊房市交易，國內房市從2000年的奄奄一息，到最近幾年的活絡、復甦，是民進黨政府最大的政績，因此在大選前不可能大幅拉高利率，將好不容易打造出來的成果又毀於一旦。原因之三是美國開始考慮要降息，這會讓中央銀行想再升息的理由變得薄弱。

　　綜合來看，國內房市在供給面確實出現壓力，在空屋上還不嚴重，在投資客方面值得憂慮，部分區域及部分產品更是瀕臨泡沫，但因利率短時間內還不會有大幅揚升的壓力，所以即使房市真有泡沫，它也不至於就真的破滅掉，至少在2008年總統大選之前此一疑慮是多餘的！

台灣房貸利率、房貸餘額及建築融資餘額走勢圖

註：房貸利率係採五大行庫之平均值

不要 忽略高租金報酬率背後的數字陷阱

　　一個星期六的早上，小吳在報紙上看到一個房屋預售案就在住家附近，不過最吸引他的是報紙上打出高達兩成的租金報酬率，由於報上說夫妻同來參觀就贈送康寧餐具，於是他邀了老婆大人去一探究竟。

　　經現場銷售人員鼓動如簧之舌之後，小吳夫婦確實有點心動，因為心想家中兩百來萬的儲蓄，每個月只有2%的可憐收益，若改為投資在該個案的房子，卻有高達近十倍的收益，任誰看了都會心動。但事實真的如業者所宣稱的那樣嗎？恐怕還是得先靜下心來將業者所給的數字作一番釐清！

　　雖然中央銀行已經十七度調升利率，實際上市場中定存利率仍處在2%上下的低檔，在進可收取穩定租金收益，退可因應通膨保值的情況下，近年來很多民眾都想買房子來當個包租公、包租婆。

　　相對的，在預售市場上住宅的推案及銷售仍然是「強強滾」，而且也有很多個案都是以高租金報酬率作為賣點訴求，

試圖吸引想賺取穩定租金收益的購屋族。業者們動輒喊出租金投資報酬率達20%、30%，甚至還有標榜其投報率高達九成的金雞母，聽起來確實令人心動；不過，在這些表面看似優渥的租金收入背後，其實暗藏了一些「精心設計」，購屋民眾在心動之餘，一定要先搞懂業者高租金報酬率的真正算法，避免掉進業者數字遊戲的迷思之中，並思考自己的現實面，以免房東大夢沒做成，先成為「套牢」一族。

在房屋市場上，最傳統也最通用的不動產租金報酬率計算公式，是以「年租金」除以「房屋總價」計算投資報酬率，這樣可較為明確的與其他投資工具做比較，讓投資者做出正確之投資決策。

> 租金報酬率計算公式
> 月租金 × 12 ÷ 房屋總價

以小吳想購買的一戶總價3,000,000元、月租金15,000元（年租金180,000元）的小套房為例，完全不貸款情況下之租金投資報酬率為6%（18 ÷ 300）。若改為自備款三成、貸款七成，房貸利率2.5%，以本息平均攤還，年租金扣除房貸後的年收入約為46,500元（180,000元減掉133,500元），租金投資報酬率立刻縮水為1.55%，這時再與定存比較，便可作為該筆不動產值不值得投資之重要依據。

傳統房屋租金報酬率計算方式			
實務計算			房貸成數／房貸利率
分子（萬元）	分母（萬元）	投報率	
18（年租金收入）	300（房屋總價）	6.0%	無貸款
4.65（年租金－貸款利息）	300（房屋總價）	1.6%	7成／2.5%

註：個案總價3,000,000元，年租金180,000元，貸款二十年。

不過，國內預售市場上卻可看到很多超高投資報酬率的不動產個案，不斷的向購屋消費者招手。究竟不動產業者是怎麼變出這麼多數字魔術的呢？基本上業者所用方法不外乎以下列幾種，來拉高個案的租金報酬率。

以「自備款」為分母，不是以房屋總價為分母

這是業者最常使用的手法，由於一般自備款是房屋總價的三成，因此以三成自備款為分母計算租金報酬率，當然所得到的數字就會「變大」。同樣以上述小吳的個案為例，但將分母改以三成自備款（900,000元）來計算，則該套房的租金報酬率就大幅跳升到5.16%，獲利結果當然令人心動。基本上這種算法沒有對錯，但很容易讓購屋人忽略其背後潛藏之風險，例如未來房屋租不出去，或是月租金不如業者所宣稱的那麼高。

不計入房貸支出

如果購屋者有跟銀行申請房貸，照理應在年租金收入當

中扣掉年房貸支出，再除以房屋總價，得出一個正常的租金報酬率，不過房地產業者卻會刻意忽略掉房貸的支出，來達到租金報酬率灌水的目的。由於沒有房貸支出來拉低租金收益，租金報酬率自然會變大，同樣以小吳的個案為例子，如果業者在計算時不扣掉133,500元之房貸支出，則以其每年180,000元之租金收益除以三成自備款（900,000元），租金報酬率就可一舉拉高到20%，但這樣做明顯有誤導購屋消費者的嫌疑！

降低房貸利率

由於現在市場上還是有壽險公司以頭一年低於2%的利率，來吸引房貸客戶，所以同樣是小吳的例子，改以利率1.98%、還款年限拉長到三十年來計算，年租金扣除房貸後的收入約為87,100元（180,000元減掉92,900元），此時若以房屋總價3,000,000元為分母，則租金報酬率還有2.9%，若以自備款900,000元為分母，租金報酬率更有9.7%，都比1.55%高，這又是一種障眼法。

調高房貸成數

房貸成數愈高，購屋人之自備款就愈少，若租金相同，自備款愈低者，其租金報酬率就愈高，若此時又將貸款利率壓低，更大大拉高租金報酬率。同樣以小吳個案為例，將自備款降低到總價的一成（300,000元），用不計算房貸支出的方

式，其租金報酬率更可拉高到六成。如果是這種計算方式，購屋人最好要能取得業者貸款成數及貸款利率之承諾，否則兩年後房貸利率很可能走高，屆時業者所宣稱的高租金報酬率，就會變成泡沫一場。

放大房屋租金之收入

如果分母之成本是固定的，將分子之租金收入放大，同樣可達到拉高租金報酬率的效果。同樣是小吳的例子，若業者宣稱當地月租金是18,000元，年租金就有216,000元，若不計入房貸，則其租金報酬率就可拉高到24%。只是預售屋到完工交屋約兩年時間，兩年後市場租金是漲是跌，是很難逆料的，因此還是以當下附近同質性的房屋租金水準，來判斷房屋租金報酬率之高低是比較實際的。當然在此情況下，做好市調工作就更形重要了！

混合上述手法

如果將上述這些手法都一起混合運用，狠一點的業者甚至還可能「變出」一間小套房的投資報酬率飆高到百分之百以上的情形。但事實上不動產產品都有市場上認定的合理租金投報率，目前一般住宅產品的租金報酬率在4%至6%之間，商用不動產產品的租金報酬率在3.5%至4.5%之間，大學學區套房的租金報酬率在5%至8%之間。有了這些基本的概念，就不會踏進業者所設下的銷售羅

網之中。

　何況以上這些租金報酬率計算，都沒將房屋持有成本（例如地價稅、房屋稅）以及房屋維護等相關費用算進去，所以在實務上除了要正確計算該不動產品之租金報酬率外，還要將相關費用計算進去，而且更重要的是要了解當地出租市場的需求強度，這些都是包租公、包租婆一族投資時須一併考量的重要因素，以免將來出租不成，反成套牢一族。

高租金投報率房屋個案的計算手法比較			
實務計算			房貸成數／房貸利率
分子（萬元）	分母（萬元）	投報率	
4.65（年租金－年貸款）	90（自備款）	5.2%	7成／2.5%
18.0（年租金）	90（自備款）	20.0%	7成／2.5%
21.6（年租金）	90（自備款）	24.0%	7成／2.5%
18.0（年租金）	30（自備款）	60.0%	9成／2.5%
6.06（年租金－年貸款＊）	30（自備款）	20.2%	9成／1.98%
5.39（年租金－年貸款＊）	15（自備款）	35.9%	9成5／1.98%
18.0（年租金）	15（自備款）	120%	9成5／1.98%

＊指貸款年限為三十年
註：個案總價3,000,000元，年租金180,000元，貸款年限二十年

不要糊裡糊塗就簽約

上週日在三峽台北大學附近看上一間房子，因為很滿意也很喜歡，當天就刷卡付了訂金50,000元，事後才聽朋友說下訂之前也要看合約。由於我當時不知道還要看合約，所以並沒有跟現場銷售人員索取事先審閱。不過這個星期天我們就約好要簽約了，想請問各方房地產專家：

· 萬一當天看了合約，覺得合約有問題，但又不能要求修改而想退訂時，先前刷卡的訂金50,000元拿得回來嗎？

· 合約內容一般來說會很多嗎？雖然我們是約星期天簽約，但我可以拿回家看清楚後再簽嗎？

· 通常來說，房屋買賣合約當中有沒有什麼條文是我們要特別注意的？

無助的購屋人

這是在網路上常可看到的首次購屋者發出的「求救信」，而且問題可能五花八門什麼都有。對很多人來說要買房子了通常都會非常興奮，不過面臨要簽約時，心情卻七上八下，真的是既期待又怕受傷害。期待的是，不久的將來就要有一間屬於自己的房子了；怕受傷害的是，一紙合約簽下去，會

不會變成一張賣身契，會不會踏入交易陷阱或是交易糾紛之中。

　　國內房屋市場分為預售屋及成屋兩大類交易，但預售屋係屬還看不到的「空中樓閣」，而成屋則是看得到、摸得到，所以預售屋所面臨的風險及不確定性顯然更高，若選擇購買預售屋，簽約時更要特別小心。

預售屋簽約十大重點

　　預售屋簽約時，建商都會提供由他們內部準備好的定型化契約，所以在簽約前後，購屋人對於契約內容如有任何疑義或模糊不清的地方，除請求業者解釋之外，必要時一定要對特定條款提出修改或增訂，白紙黑字寫下來對自己才有保障。一般預售屋合約大概有二、三十條主條文，全部內容約有A4紙三十頁左右，其中有很多都是顯而易見不會有任何爭議及疑義的條文，所以只要特別注意以下的十大重點事項，應該就可確保購屋權益。

一、購屋人有「契約審閱期」

　　由於預售屋買賣契約係屬消費者契約之一種，買賣雙方對於契約內容之主客觀認知上會有差異，建築業者應該給予購屋人合理的時間去了解其所提供的定型化契約之內容，這在消費者保護法施行細則第11條已有明文規定，所以「契約審

閱期」是購屋人應有之基本權利。而且根據公平交易委員會的決議，建商「不得要求客戶須給付訂金始提供契約書」，更不能在「收受訂金簽約前，未提供客戶充分之契約審閱期間」，否則就有違反公平交易法之虞。

　　像一開始「無助的購屋人」的情形，建商明顯就有違法之嫌，而且公平會所定的契約審閱期間至少要有5天。因此，購屋人在下訂金簽約前，大可正正當當的要求拿契約範本回家，找個律師、代書或是房地產專家幫忙仔細看看，確實了解契約之內涵，並擬定有哪些條文要修改或是增訂的，以保障購屋人應有之權益。

二、廣告文宣品是契約的一部分

　　在現行的定型化契約中很少有建商將這樣的約定條文加入，不過現在不論主管不動產交易的內政部地政司，或是行政院公平會、消保會，這些單位都同意此一效力：「賣方應確保廣告內容之真實，本預售屋之廣告宣傳品及其所記載之建材設備表、房屋及停車位平面圖與位置示意圖，為契約之一部分。」所以購屋人可在簽約時將此條款加入，同時好好保存這些預售時的廣告文宣品，以備萬一將來交屋後，現況與廣告文宣內容不同時，有主張權益的憑據。

三、確認土地使用分區

　　最主要是要確認你所買到的房子將來可做什麼使用，如

果你買的房子要當住家使用，可是土地使用分區卻註明了是屬乙種工業用地或是丁種建築用地，按照規定這類土地只能做工業生產或是一般商業設施使用，不可以當成「住宅」，如果自己明知此事實，仍買來當住宅使用，將來後果都要自行承擔。假使購屋人還擔心業者所載明的使用分區不實，可根據契約所載土地之「地號」，到地政事務所申請地籍圖後，再憑地籍圖到該地鄉鎮區公所申請「土地使用分區證明」，就可避免買到工業區住宅或其他不合使用分區規定之建物。

四、詳列房屋面積及面積誤差之找補

房屋面積應以「平方公尺」或「坪數」標示，以符合地政機關之登記實務及一般交易習慣，並且各部分之平面空間均應逐項詳細列舉，防止產生無謂之紛爭。房屋面積之認定主要分為兩部分：專有部分及共用部分。

(1) 專有部分又分為主建物及附屬建物面積，前者主要是指室內面積，包括客廳、餐廳、臥室、廚房、浴廁等等；後者包括陽台、平台、雨遮及屋簷等等。

(2) 共同使用部分面積包括俗稱之大公及小公，前者是指該社區全體購屋人都使用得到並應分攤之公共設施，包括門廳、管理員室、公共樓梯、樓梯間、受電室、屋頂突出物、蓄水池、水箱等，或是有些社區有健身房、圖書館、撞球或桌球室等，也屬於大公；後者是當樓層住戶共同分攤使用的部分，包括當樓層樓梯間、電梯間、通道、走道等。

房屋共同使用部分之面積除以總購買面積，就是通稱的「公設比」，由此也可判別房子公設比之高低，並決定要不要買這戶房子。例如：買入房屋權狀面積為36坪，共同使用部分面積為11.5坪，則該戶房子的公設比就接近32%，明顯是偏高了！

另外，預售屋因建築物尚未興建完成，所以等到將來真正蓋好，其實際面積可能與契約中之約定有所誤差，因此在簽約時都定有互相找補之規定，也就是面積變小了，建商退現金給購屋人，萬一面積變大了，則購屋人得再補足價款。過去建商之定型化契約大多是這樣寫的：「面積如有誤差，其誤差在2%以內者（含2%）買賣雙方同意互不找補。」2%之誤差看似不大，但以台北市之高房價為例，假設某業者蓋40坪房子200戶，總樓地板面積8,000坪，如果每戶都短少2%的面積，等於該業者多賺了160坪，以每坪500,000元計算，等於就是多了80,000,000元的進帳。

現在比較合理的找補方式是降到1%，超過1%（最多不超過3%）的部分，買賣雙方應互為找補，而且雙方同意面積誤差之找補，係以土地與房屋價款之總數（車位如另行計價時，則不含車位價款）除以房屋面積所計算之平均單價，於交屋時一次無息結清。再者，如果面積有誤差，其不足部分超過3%以上，不能達契約預定之目的者，買方得解除契約。也就是說假如面積縮水太嚴重，不符合買屋人之空間使用需求，買屋人可以解除此買賣契約。

五、主要建材及其廠牌與規格之規定

　　以前預售屋常會見建商在建材設備表附件中補上「或同級品」等字樣，但實際上是不是同級品民眾很難認定，所以在合約條文中可加入如下文字：「除經買方同意，不得以同級品之名義變更建材設備或以附件所列舉品牌以外之產品替代。」同時為了避免買到輻射屋、海砂屋或是有害人體之房子，也可請建商加註：「賣方保證建造本預售屋不含有損建築結構安全或有害人體安全健康之輻射鋼筋、石綿、未經處理之海砂等材料或其他類似物。」

六、開工及完工日約定

　　對於合約中之開工與完工日，建商常有以下之約定事項：「本預售屋之建築工程自開工日起530個工作天完成。」因為條文講得很清楚，幾個工作天會完工，沒有買屋經驗的民眾可能不會對此約定事項心生疑問；但是實際上什麼都沒講清楚，一來開工日不知是何日，二來是以工作天計算，業者可以天候不佳、工人無法上工來拖延交屋。最好的方式是將日期約定清楚：「本預售屋之建築工程應在　　　年　　　月　　　日之前開工，　　　年　　　月　　　日之前完成主建物、附屬建物及使用執照所定之必要設施，並取得使用執照。」

　　萬一業者不開工或延遲交屋，就還要列有懲罰條款：「賣方如逾前款期限未開工或未取得使用執照者，每逾一日應按已繳房地價款依0.05%單利計算遲延利息予買方。若逾期三

個月仍未開工或未取得使用執照，視同賣方違約，雙方同意依違約之處罰規定處理。」

七、房屋轉售之約定

預售屋在正式完工交屋前，買方如果想轉售，只要告知建商，賣方基本上是不會拒絕的，特別是在景氣良好的時候，有些買方繳交一些款項後，發現當地或該建案售價已經調漲，所以想提前獲利了結，不過對建商而言，因為多了一道「換約」手續，所以都會有一筆轉讓手續費之約定。一般認為以房地總價款千分之一為上限較合理，不過也有業者訂為千分之二或千分之三，關於這部分買賣雙方是可以協商的。

八、貸款額度不足時

由於預售屋大概都要兩、三年後才會完工交屋，所以當時約定的貸款額度，很可能隨著市場資金供需而轉變。譬如，本來約定好八成五的貸款額度，結果到了完工交屋的時候，銀行只願給六、七成的額度，此時如果手頭沒有足夠現金辦理交屋，可能就有違約的情形發生。

一般的定型化契約，建商都把貸款額度的變動責任推給購屋人，而條款約定通常會這麼說明：「買方應於接獲通知之日起，七天內一次以現金或即期支票補足其差額予賣方。」這樣的約定明顯不合理，也對買方不公平。較公平的方式，

是要看這樣的事實是誰造成的，如果當時業者為了促銷，以低自備款高額度貸款吸引首購族進場，責任是在賣方，這時合理之條款約定應該是：「可歸責於賣方時，其貸款金額不足部分，賣方應補足不足額之部分，並依原承諾貸款相同年限及條件由買方分期清償。如賣方不能補足不足額部分，買方有權解除契約。」

九、「交屋保留款」之運用

通常建商在完成一切主建物、附屬建物之設備及領得使用執照並接通水、電或天然瓦斯時，就會通知買方進行驗收手續。此時購屋人應在現場勘驗之後，就相關房屋之瑕疵或未盡事宜，載明於驗收單上並要求賣方限期完成修繕。

只是建商定型化契約在驗收一項都會另外約定：「除有重大瑕疵明顯不能使用外，買方不得拒絕或遲延交屋，或拒絕付清款項。」這也明顯的是對買方不利，萬一建商來個置之不理或藉故拖延，買方基於自保，可要求增訂「交屋保留款」條款：「在驗收單上之房屋工程瑕疵或未盡事宜未完成改善之前，買方得於自備款部分保留總價一定百分比作為交屋保留款。」一般交屋保留款是5%左右。

十、口頭承諾或約定之效力

在建商定型化契約中，最後常常會加上一個條款：「關於本大廈（社區）及本戶房屋買賣之一切權利義務，以本約

及附件說明為準，任何口頭承諾或約定概不生效。」事實上就過去法院判例來看，只要是銷售人員在銷售階段所做之口頭承諾或約定，只要購屋人可舉證（譬如有錄音或錄影），還是會被視為合約之一部分，具有法定之效力。

　　看完預售屋簽約十大重點事項，可能還有人覺得疑問沒獲得解答，那就是一開始所舉的「無助的購屋人」所問的：「萬一當天看了合約，覺得合約有問題，但又不能要求修改而想退訂時，先前刷卡的訂金50,000元拿得回來嗎？」

　　現在在預售屋銷售實務上，凡是簽約前所繳的現金或是刷卡金，一旦簽約不成，業者都會原數退還，不傾向跟購屋人糾纏不清。如果是採刷卡付訂的，業者現在都採刷「紙卡」方式，實際上並未與信用卡發卡銀行連線請款，所以只要簽約不成，只須將書面刷卡的那張「憑證」撕掉就好，也不會有什麼退款扣手續費的困擾。

不要凶宅

　　小魏是一家公司的總務人員，省吃儉用，好不容易在市郊買了一戶25坪的小房子，裝潢期間不少耳聞此事的同事都會向他道賀，並相約「入厝」時一齊去他的新居「逗熱鬧」。只是過沒幾天，碰到小魏的人都感受到向來開朗樂觀的他變得沉默，眉頭也愈皺愈深了！

　　原來是上一個星期六他到新居去看裝潢工程、盯進度，無意中在樓梯間碰到將來對門的鄰居許先生，交談之中，許先生突然問了這麼一句話：「你怎麼會買這間房子？」當時他沒多想就告訴許先生：「這房子通風採光不錯，價格也不貴，而且這裡離小學及市場又近，所以我和我老婆看過後就決定買下來了！」沒想到許先生接下來的話，無情的打破了小魏想要擁有一個自己的家的美夢。許先生說：「難道你不知道這房子曾經有人在裡面自殺？」原來小魏買到了一戶凶宅！

　　擁有一個可以遮風避雨、屬於自己的家，是許多小市民的夢想，然而當一家人正開開心心的準備搬新家時，卻被迫接受「凶宅」這晴天霹靂般的事實——該要「勇敢的」搬進

去住，還是去找仲介公司理論、討回公道呢？小魏面臨這種情況，怪不得要一個頭兩個大！

何謂凶宅？

沒有一致公認的定義，即使在法律上也從未對凶宅有過明確的定義；內政部頒訂之不動產標的現況說明書上指凶宅是「凶殺或自殺而發生死亡案件的房子」。

但就房屋市場之實務及一般民眾的認知，所謂凶宅是指：曾發生過非自然死亡的房子。

台北市曾經發生一起獨居老人因自然身故，無人幫忙料理後事，屍體最後在屋內形成乾屍，房屋事後再拿到房仲市場銷售的重大糾紛。當時的買方就是將此一住宅視為凶宅，所以到底是不是凶宅，似乎是跟個人之心理感受有關。因為在房仲實務上常有以下的類似疑問：從樓上8樓跳樓自殺，在1樓住戶門前往生，到底凶宅是8樓住家，還是跳樓經過的所有樓層住家，還是1樓住家，還是1樓的所有住

家；發生在樓梯間或地下停車場所的槍擊身亡事件，會不會讓整個社區都成為凶宅。類似的案件不勝枚舉，但通常最後認定的標準，在於它是不是造成個人主觀上心理的害怕及害怕的程度多高而定。

從風俗習慣及心理層面來看，沒有人願意住凶宅，畢竟住起來難免教人「毛毛的」，所以買房子避開凶宅，是買成屋時必須要事前了解的一大重要課題，這也就是為什麼有人買房子要選擇沒人住過的新成屋或預售屋。但如果只能選擇成屋，要如何避免買到凶宅呢？基本上在實務上有幾個方法，可以讓購屋人免於凶宅的恐懼。

【避免買到凶宅四大途徑】
一、上管區警察局或派出所查詢
二、跟鄰里長、大樓管理員或隔壁鄰居打聽
三、上網搜尋
四、跟品牌大、形象佳的房仲公司買房子

一、上管區警察局或派出所查詢

警察是所謂的人民保姆，特別是管區警察，對於轄區內大小事應當無所不知，而發生在區內的非自然死亡事件，更是要一一列檔做紀錄；所以若能透過正式或非正式關係，從

管區警察局或派出所查出所要買的房子，有沒有任何「不良紀錄」，則凶宅絕對是無所遁形的。

二、跟鄰里長、大樓管理員或隔壁鄰居打聽

鄰里長和管轄內的住戶都有一定程度的互動，所以若要買該鄰里內的房子，禮貌性的拜訪當地鄰里長，是實地查證時不能少的一關。若仍不放心，還可以與標的社區的管理員多聊聊，主要負責社區門禁的管理員，因「位居要津」，常是社區的資訊集中地及廣播中心，所以可以趁看屋或等待之際，與管理員多「哈啦」幾句，也可打聽到多一點社區的好壞評語，或是社區內過去有沒有發生凶殺或自殺等恐怖事件。

最關鍵的是，一定還要跟標的屋的左右鄰居，探聽過去該戶房子有誰住過，知不知道為什麼要賣房子。不妨在正式簽約之前，帶個伴手禮，到左右鄰居敦親睦鄰一番；一般而言，該標的屋以前如有發生任何異常情事，鄰居一定都會一五一十的告知，若是知道屋主為何要賣屋，或是鄰居們購屋的價格，有時還可拿來作為殺價的依據呢！所以事先做好敦親睦鄰的動作，是避免買到凶宅的最重要一道關卡，當初小魏如果做了這個動作，就不會造成事後的困擾了。

三、上網搜尋

現代科技愈來愈發達，特別是在網路普及後，很多資訊

都可以在網路上找到，只要你曉得如何運用這些科技，透過網路幾乎能夠做任何事。當然，搜尋「凶宅」也是如此，除了可以透過特定社群間之發問，探聽哪個地方的房子是不是凶宅外，現在國內網路業者也成立了一個凶宅搜尋網，名字就叫「台灣凶宅網」（http://www.unluckyhouse.com/），只要點選進去，就可看看自己想買的房子是不是凶宅。

四、跟品牌大、形象佳的房仲公司買房子

以上都是一些買屋之前的過濾動作，但實際上難免還會有掛一漏萬的情形，所以，最好找品牌大、形象佳的房仲公司作為交易對象。據了解，國內幾家大型房仲公司多半都建有資料頗完整的凶宅資料庫，因為他們也怕賣出有損公司形象的凶宅，所以事先都會幫購屋民眾做第一道把關的動作。萬一跟這些形象佳的仲介公司買房子還買到凶宅，他們都會以最負責任的態度來處理這類事件，不會讓購屋人獨自傷腦筋的。

此外，為了杜絕房屋交易糾紛，內政部於房屋委託銷售契約書範本中，業已將「是否曾發生過凶殺案」一項列為「不動產標的現況說明書」所應填載之內容，只要房仲業者按照政府規定之契約書範本，照實填寫，應該就可減少事後對於是不是「凶宅」之爭議及糾紛。若買屋人還是擔心害怕，更可在正式簽約時，加註類似以下條款，以保障本身之權益：「賣方保證，出賣之房屋內，絕無發生殺人或自殺等致死於屋內之情形，否則買方得『解除契約』。」如果當初小魏

在簽買賣合約時加註了這項條款，他就不用如此為了「房事」傷透腦筋了！

法院對於買到凶宅之實際判例

桃園縣陳姓婦人於2004年間，透過仲介，以1,800,000元買下桃園市一戶中古屋，搬進去住後，鄰居才告訴她那裡發生過凶殺案，是一戶「凶宅」，而經她徹底查證，確實不假。這使她嚇得不敢住，立刻搬家，並打官司訴請原屋主返還價金，也要求房屋仲介公司賠償損失。

此案經桃園地方法院審理，認為買方對於購買房屋是否為凶宅，是屬重大考量，賣方對於凶宅之事實應善盡告知義務，最後判決原屋主應解除買賣合約、返還價金。

不要忘了殺價

　　同在北部工作的順興與建華兩人是堂兄弟，平常各忙各的很少有機會碰面，去年清明節回南投掃墓，聊天時才發現，過去兩個月當中兩人都買了房子，而且巧的是，他們買的都是林口某一大型預售工地的房子，未來將是同一個大樓社區的住戶。高興之餘，又交換了彼此房子購買的價格，順興買5樓3房2廳的房子，換算每坪單價153,200元，建華買10樓也是相同格局的房子，換算下來每坪147,000元。

　　令順興不解的是，該建案銷售人員告訴他，房子樓層愈高訂價愈貴，但建華高樓層的房子價格竟然比他低樓層的還低，而且每坪還便宜了6,200元，也就是說一戶36坪的房子就省下220,000元之多。順興心想一定是建華認識建設公司的人或是銷售的人員，才能買到如此的優惠價格，建華卻說，他根本不認識什麼人，是他老婆發揮了平時在百貨公司購物的殺價功夫，讓業者不讓價都不行。

　　當然建華還只是「小case」的殺價成功例子，媒體上就曾報導某知名藝人，硬是將業者每坪開價310,000元的價格，

砍到最後每坪256,000元成交，平均每坪砍了54,000元，也就是說議價幅度高達17.4%，以每戶住宅45坪計算，一共省下2,430,000元，這差價足以再買一部進口轎車了！

所以說買房子能不好好議個價嗎？能不為自己多省一些錢嗎？平常大家在菜市場買一把青菜，都要討價還價個兩、三塊錢；買總價高一點的汽車，更是幾萬幾萬的在殺價；對於買一戶總價動輒數百萬甚至上千萬的房子，更是不要忘了殺價。像建華和上述藝人這樣買房子比別人買得便宜，最主要是他們懂得跟業者殺價。

要如何殺價呢？

談到殺價，這在房地產市場可是個高度敏感的話題，甚至是房屋的實際成交價，業者也都將之視為最高機密，尤其是房屋銷售人員的獎金都是以房屋實際成交總價的某一百分比來計算，代銷業者與建設公司的銷售合約，也是以成交總價的某一百分比來計算，所以從最前線的銷售人員心理面，到組織的獲利基本面，無不希望房價賣得愈高愈好，如此業務獎金才能拿得愈多、公司的獲利也愈高。

因此民眾殺價買屋，基本上是與業者的利益相衝突，表明了是來踢館的。所以從實際面來看殺價的困難度是很高的，那麼，民眾買房子究竟要如何殺價呢？以下幾點應該是民眾殺價前該有的基本概念。

先了解區域房屋市場行情

在戰場上大家都知道：知己知彼，百戰百勝。在房屋市場上也一樣，不管是景氣好壞，還是市場供需，除要了解本身的購屋能力及基本需求外，更要充分了解當下的房屋市場。特別是首次購屋者，因為缺乏購屋經驗，如果再不好好做功課，一開口殺價就會暴露出是一隻菜鳥，這樣被笑還不打緊，最糟的是銷售人員會認為你根本沒有購買的誠意，或被認為是來鬧場的，如此一來想買到房子的可能性就幾近於零！

所以不管你是老鳥或是菜鳥，鎖定一特定地區購屋時，事前的房價訪查動作一定要做。不管是預售價或是成屋價格，把握「三多」原則：多看、多問、多聽，功課做足之後，對於當地房價水準是高是低，心裡就有一個譜，當真正進入殺價決戰場時，就不會發生被銷售人員說得團團轉、漫天要價的情形。

記住：了解行情是殺價的第一步。

以一成為殺價的基本盤

不以房市低迷時期為例，即使是在房市景氣高峰期，買房子都還是存在著或多或少的殺價空間，但很多人會問，當業者拿出房屋價目表之後，所謂的「第一口價」要殺多少才

不會被笑又不會對不起自己呢？

　　首先，先撇開市場景氣好壞，或是產品間之差異，「殺價一成」是最安全的「第一口價」殺價方式，也可說是殺價的基本盤。根據大型房仲業者的統計，2007年第一季全台成屋的議價幅度是7.4%，所以實務上先殺下一成再慢慢試探賣方的反應，然後見機行事，或是逐步小幅加價，或是堅持底線，就完全看臨場的買賣雙方互動了。舉一個例，如果業者開出的房屋價碼是一戶5,000,000元，你心裡面就先減個500,000元，以4,500,000元出價。不過若有以下兩種情形，殺價幅度就要再放大一點。

景氣走下坡、空屋多時，殺價空間再加10%至20%

　　當房地產市場景氣明顯走下坡，或是市場上空屋大幅增加時，市場便由賣方市場轉到買方市場，這個時候，買房子的人是大爺，當然可以將議價空間再拉大一成到兩成，也就

是說至少可先砍個兩成，狠一點的從七折價開始談也不為過。

總價愈高，殺價空間愈大

景氣好的時候，在房地產市場上普遍有一個奇特的現象，那就是業者開價愈來愈高，部分是反映土地及營建成本，有一部分是在創造市場話題，藉此吸引潛在買方的注意。以業者的心態，當然最好能以此高價成交，因為可以賺得更多，何樂而不為，但當買方普遍質疑價格時，這時業者讓價的空間就很大了。業者將價格拉高的本意就是讓人來砍的，但實質上業者並沒少賺。根據房仲業者的統計，像這類高總價的房子，有時候議價空間已拉高到兩成。所以如果你準備要買「有身分有地位」的房子，殺價的動作就不要手軟！

台北殺價空間最小，並且呈現往南遞增的情形

台北是全國購屋需求最強的地方，然而土地供給情況愈來愈吃緊，所以房價不僅居高不下，在議價時的殺價空間也比較小。但是只要離開台北，就有一種離台北愈遠議價空間愈大的趨勢。

根據多項市場調查顯示，近三年來國內房屋市場一直是呈現「北熱、中溫、南冷」的態勢，因此在缺乏買盤支撐的情況下，業者即使不願擺明直接降價，不過若潛在買方的殺

價還可接受，大多還是會賣的，自然殺價空間就不斷放大了。

要找到Key man殺價

國內房屋預售市場的銷售結構，是建商將個案以特定價格委託代銷公司銷售，代銷公司再請銷售人員賣房子，所以簡化來看，在這銷售流程及結構中，至少就有三個關卡、三級可以決定房價要賣高還是低，也就是建設公司主管、代銷公司主管及一線銷售人員這三級。

當然，如果你只能接觸到基層的銷售人員，你所能議價的空間就相對較小，房屋銷售現場常看到的景象是，當你議的價格離訂價太遠，銷售人員就要請示現場的主管。所以如果能夠直接跟現場主管，或是代銷公司更高階主管議價，不僅更省事省時，而且更省錢。不過最高段的是找到建設公司負責的主管或是老闆，這樣議得的價格絕對比跟代銷公司議價還要低。

殺價錦囊：找到對的人殺價，才能買到最合理的房價！

殺價實務沙盤推演

除了掌握上述幾個基本概念外，最主要是希望在銷售實務上真正達到殺價的成果，所以以下幾個殺價實務，是民眾

在購屋現場可以試著實地沙盤推演一番的。

嫌東嫌西、挑三揀四法

　　這是大家經常在買東西時所使用的一種方法，當然也同樣適用於買房子這件事上，這項工作特別適合請出婆婆媽媽來挑毛病、來殺價。例如嫌浴室、廚房、客廳太小，嫌單層戶數太多等等。只是該方法單獨使用往往不靈，特別在市場買氣還不差的時候，銷售人員可能乾脆就不理你了。所以一定要跟下一個方法——以虛擊實法一起使用，才能真正奏效。

以虛擊實法

　　所謂的「以虛擊實」，就是拿附近的其他銷售個案來打目前洽談中的個案。

　　譬如洽談中的個案有一些不滿意的缺點，而鄰近房價較便宜的個案卻都沒有這些缺點，這時就可以向銷售人員表示，假如他們願意將價格降到某一水準就會購買該案件，否則自己會到他案去簽約，同時出示已在他案下小訂的收據給銷售人員看，強化你希望降價的意圖，這就是以虛擊實法。

誠意感動天法

聽說有人就是以這樣的方式打動銷售人員，每天都到房屋銷售現場「煩」銷售人員，更誇張的是還自備便當到現場展開長期抗戰的遊說動作，最終還是讓他「拗」到原先設定的價位，買到自己喜歡的房子。

裝窮法

這是最常見的殺價方法，畢竟房價這麼高，買房子時缺個幾百萬是常有的事，所以以自備款不足來要求降價，是很普遍的一種議價策略。只是這一策略要奏效，還要在以讚美法及誠意感動天法，適度讚美產品及銷售人員的同時，表明自己真的想買該房子，也很喜歡該房子，只是手頭上比較緊，房屋價格若可再降一些些，馬上就來簽約。銷售人員面對如此誠意的買方，有時候還是很難拒絕的。

團購法

大家都知道團結力量大，網路上現在頗流行的團購法，以集體議價的方式，一定會比單打獨鬥更為有利。所以若剛好知道有兩、三個親戚朋友都想買同一個案的房子，一齊去

找銷售人員殺價，當然會買到較為優惠的價格。以順興與建華兩個堂兄弟的例子來看，如果兩人約好一起去議價，兩個人買到的價格，肯定會更低。

附錄

2007年房地產投資前景大計

　　台灣房地產在經過十幾年的不景能氣之後,近幾年終於看到市場重新展現歡顏,交易量伴著房價一路向上走高。已經買了房子的人或是持有不動產者,都希望這波房市動能能夠持續走下去,還沒買房子的人,則期望這波房市快拉回,好讓他們有機會晉身「有殼階級」。究竟2007年台灣房市會怎麼走?首購、換屋,甚至是投資客,又該如何因應豬年房市的變動呢?

過去之景氣循環

　　回顧台灣房地產市場的歷史,明顯的有三波景氣循環產生,同時寫下三波景氣高峰。第一波景氣高峰是在1973至1974年之間,第二波是在1979至1980年之間,第三波則是落在1987至1989年之間。第一波與第二波景氣高峰形成的原因相類似,最主要是受到前後兩次全球能源危機的推動,在物價飛漲的同時,國人所得又隨著台灣經濟起飛而大幅成長,於是保值性需求造就了第一及第二波景氣高峰;由於這兩波景氣高峰擴張期不長,房價漲幅相對較小,分別是1.8倍與1.5倍。

至於第三波房市飆漲，沒有能源危機，也沒有通貨膨脹，最主要是新台幣大幅升值帶來之熱錢效應、股市大漲帶來之財富效應，以及市場資金過度寬鬆之資金效應所造成；簡單的說就是太多的錢無處宣洩所引發的綜合效應。由於景氣高峰擴張期達三年之久，也因此寫下歷年來房價最大漲幅的紀錄，約有高達2.9倍的驚人漲幅。當年薪水所得追不上房價漲幅，終於引來無殼蝸牛抗爭的社會運動，也讓當時的政府不得不重視此一房市過熱的問題，於是對建築業者下達了一道斷絕資金動能的「選擇性信用管制」措施，讓國內房市從1990年全面下挫，直到2000年政府開始拯救房市，台灣房市才再度出現生機。

近年房市之復甦

嚴格來說，這波房市復甦是在2003年SARS之後，才展現出較強勁之上升走勢，其中關鍵當然是低利優惠房貸與土地增值稅減半徵收。

從2000年8月至今，政府已持續釋出18,000億元的低利優惠房貸，嘉惠購屋民眾超過850,000戶，2002至2005年間的土增稅減半，更激起一波波強勁的換屋潮，加上市場房價自然落底產生的低房價低購屋門檻，共同營造出一個低房價、低利率與低稅率的「三低」環境，終於讓國內房市得以脫離長達十餘年的低迷泥淖，也間接的拯救了本土金融業免於發生

可怕之金融風暴。

2003至2005年之間，隨著景氣的加溫、市場投機氣氛轉濃，各地房價也不斷攀高，可說是拜「三低」之賜，國內房市終於大復活，特別是北部房價更是不斷刷新歷史紀錄；況且土地增值稅減半的措施也宣告結束，自2006年起，已不再是低房價跟低稅率的條件。但就整體市場表現來看，2006年房市仍然是看回不回，價量也再寫下另一波高峰，主要的原因應該是國內仍處於低利率環境，加上國際油價高漲產生之通膨氛圍再度籠罩在市場上頭，因而掀起另一波購屋保值型之需求，讓整體房市持續高檔盤整不墜。

客觀分析，近幾年的熱絡房市與過去的景氣高峰期比較，明顯的有許多差異點。在產品面，這一波明顯的只有住宅類產品一枝獨秀，其他商用、工業用不動產都沒什麼表現，相對的在第三波景氣高峰時，幾乎市場上所推出的產品都是熱銷，從小套房到一般住宅，從一間小店面到整層辦公室或廠辦，從市中心的豪宅到偏郊區的休閒產品，全都是市場上搶手的產品。

在區域面，這一波顯然是以都會區的表現最為搶眼，特別是擁有重大交通建設支撐之大台北部分地區，其房價漲勢更是驚人，而其他地區則相對的冷清許多，感受不到任何市場溫暖。對照上一波景氣則是從台灣頭一直熱到台灣尾，從西部一直熱到東部，只要有預售案、有房子賣，沒有一處不是熱烘烘的。

在房價漲幅方面，前三波景氣的房市，房價之漲幅都高

過1.5倍以上，這一波房市多頭，雖然有部分地區房價已創下歷史新高，但整體房價漲幅只在兩成到五成之間，並沒有所謂的超漲的情形，只不過近幾年國人所得原地踏步，因此才讓人有一種房價已漲到高不可攀的錯覺。

台灣房地產市場主要之景氣循環				
	期間	房價漲幅	主力產品	多頭成因
第一波	1973至1974年	180%	住宅、商用	能源危機、通膨
第二波	1979至1980年	150%	住宅、商用	能源危機、通膨
第三波	1987至1989年	290%	所有產品	台幣升值、股市飆漲
第四波	2003年起迄今	20-50%	住宅	低利率、低房價、通膨

資料提供：信義不動產企劃研究室

2007年房市多頭還會持續嗎？

如果從2003年SARS之後起算，這波房市也已經維持三年半的榮景，很多人不禁要問，此一榮景還可以持續下去嗎？而還沒有買房子的人則期待未來一年的房價可以適時拉回，好讓他們有低價購屋的機會。展望2007年房地產市場，恐怕得先從一些外部環境加以分析，才能撥雲見日，看出景氣走勢的真相。

就2007年房市可預見之利多來看，最重要的一點應該是全面開放大陸人士來台觀光，這除了對提振國內疲軟不振的內需產業有實質助益外，更讓市場有2008年效應將提前發酵之心理；此外高鐵及高捷陸續完工通車，也會對周邊房地產

產生較強的支撐作用。不過在諸多利多之中，市場上也有些利空因素將會同時出現，如經濟成長率不如2006年、消費信心仍然低落、立委及總統大選前哨戰對市場之干擾，更重要的是市場面房價高漲，民眾無力購屋，或是觀望氣氛因而轉濃，有些地區新成屋供給進入高峰期，也可能引發市場賣壓，這些利空因素或多或少都會抵銷利多因素所產生的力道。

　　所以根據上述因素綜合判斷，豬年整體房市應該會是相對穩定發展之格局，不容易再有太過激情之表現，總體交易量與交易價格應該都是穩中小漲之局面，其中最大的變數是投資客的動向。根據台灣購屋需求調查顯示，在購屋民眾當中屬投資目的者已從2003年的15.7%來到2006年第四季的22.8%，所以只要這些投資客迅速在市場上消失，屆時房市交易量價可能都會頓時重挫。

　　因此不論是首購者、換屋者，或是準投資客，在2007年決定購屋之前，一定要先了解市場上投資客之動向，他們是正在加碼投資，還是在悄悄倒貨做出退場動作。如果是後者，不管是什麼目的要購屋，最好是先觀望一陣子，不宜貿進。如果是前者，首購族與換屋族還是要多做功課，多比較市場行情，避免去盲目追高，更重要的是，要確定房屋所在地有足夠的生活機能，未來房價才有支撐力。

　　首購族更要避免過度擴張信用去買屋，一來可確保基本生活品質，二來不怕將來有斷頭之虞。當然若是賺取穩定租金之投資者，一定要有5%以上之租金報酬率才下手，才不會有「買價高租金低」進退不得的窘境。

台灣房地產市場主要之景氣循環		
	利多因素	利空因素
經濟面	1.國內股市可望突破8,000-9,000點	1.經濟成長率恐不如2006年 2.消費信心不足，內需續衰退
兩岸／政治面	1.全面開放大陸人士觀光，有利提振內需及休閒產業 2.兩岸客貨包機常態化	1.年底進入總統及立委選戰紛擾之中，造成短期政局及社會動盪
市場面	1.物價上揚，通膨陰影籠罩，購屋保值需求仍強 2.重大建設如高鐵、高捷完工帶動換屋需求 3.2008年之預期心理日強，不動產投資需求	1.房價續拉高，影響首購族購屋意願 2.部分地區新成屋賣壓出現
資金面	1.市場資金充裕，房地產資金動能十足 2.房貸利率仍處低檔，有助提振買氣	1.央行重貼現利率走勢仍看好有調升可能
政策面	1.總統大選前釋放出各類政策利多	1.銀行體系對於房貸額度趨保守 2.明年起對投資客課徵營業稅

資料提供：信義不動產企劃研究室

　　台灣房地產市場從2006年開始就一直籠罩在一股「2008大夢」的氛圍之中，說穿了如果要期望豬年房市有較亮麗之表

現，端賴此一市場信心力道之強弱；但此一市場信心就有如2006年北高市長選戰一樣，一夕數變，連大家都看好的局也可能一夕變天，何況2008年房市大夢也是建築在政黨可能再輪替的基礎上，其間瞬息萬變，若非自用性質，可能還是以保守因應為宜！

台中房市的機會與挑戰

　　近三年來，隨著中科的動工、7期開發加速、周邊交通條件的改善以及高鐵的通車，台中房市景氣也出現持續加溫的情勢，雖然房價漲幅及熱絡程度還不及台北地區，但已明顯超越南台灣的院轄市高雄市，所以在房屋市場上都以「北熱、中溫、南冷」來形容這兩年的國內房市。特別是在李澤楷旋風之後，台中房市就充滿了更大的想像空間。不過，究竟該如何看待2007年台中房市的景氣及發展呢？

　　要客觀評斷2007年台中房市景氣，就不得不對今年台中房市可能面臨的機會與挑戰做一番比較，或許這樣才不會落入市場的諸多迷障中，進而做出錯誤的判斷與決策。

台中房市的機會點
・中科持續吸引高所得者進住
・台中精密機械園區創造就業機會
・7期新市政中心帶動更多開發
・高鐵通車帶來比價效應
・台中捷運動工

- ·全面開放大陸人士來台觀光之助益
- ·家戶購屋比居全國之冠

中科持續吸引高所得者進住

台中市近兩年來房市主要動能是中科,據了解,中科徵收土地的第1期與第2期已完成開發,現在正要開發第3期。在友達成功進駐後,招商情形非常順利,目前將進駐中科的廠商已達83家,總投資金額也將近16,000億元,2005年營運第一年產值即達600億元,2006年更倍增至1,200億元,預計2010年全部建廠完成營運,該園區從業科技人將達到60,000人之多。以每一就業人口帶來一個家庭,以較保守的五成為外來人口估算,平均每年將在中科周邊新增6,000戶的住宅需求,當然大部分落腳台中市的機會最高。未來幾年在中科持續引進高所得人口及創造產業群聚效應下,中科附近仍將是台中地區最具潛力的房市區塊,也是台中房市最大的需求來源及房價上推的動能。

台中精密機械園區創造就業機會

除了中科持續創造就業機會及住宅需求外,剛完成招商

的台中精密機械園區也是為台中創造更多就業機會的另一動能；而台中精密機械園區佔地60公頃，竟吸引近五倍的廠商申請進駐，未來這些從業人員也都是高所得者，對於帶動新住宅需求也會有很大幫助。

7期新市政中心帶動更多開發

7期就有如台北市的信義計畫區，所以被台中建商視為台中房市「金磚四區」之首，區內除新市政中心工程如火如荼興建外，百貨購物中心與豪宅更是冠蓋雲集，儼然是台中房價的領頭羊，未來大都會歌劇院也將設立於此。加速開發的台中7期，對台中房市之熱絡起了一定帶動的作用。

高鐵通車帶來比價效應

今年初通車的高鐵雖然台中站不設在台中市，但從烏日站到7期、8期都在10分鐘車程左右，不僅大大拉近台中與台北的距離，更產生了北中房價的比價效應。以台中中古屋房價普遍在每坪100,000元以下，新成屋在每坪200,000元左右，對於台北客具有很強的吸引力。所以從高鐵通車後，已陸續傳出台北客南下投資台中房屋的消息，特別是李澤楷旋風之後，這股投資風更為顯著。

台中捷運動工

期盼多時的台中捷運，終於要在今年（2007年）下半年

開工了，比照台北捷運帶動區域房市的效應，台中捷運開工後勢必會帶動沿線房市一波波的炒作與投資風。

全面開放大陸人士來台觀光之助益

全面開放大陸人士來台觀光一事已延宕多時，然而今年（2007年）下半年間成行的機會很高，台中居於大陸客必到之日月潭與阿里山的優良地理位置，將會是此次開放政策下受惠的城市之一，這對於當地服務業及就業機會之帶動都會有所助益，間接刺激當地住宅的需求。

家戶購屋比居全國之冠

「家戶購屋比」是由房屋買賣移轉件數除以家庭戶數而得，它是代表一個地區的房屋周轉率（turnover rate），也是一地購屋強度與購屋能力的重要指標之一。台中市已經連續三年蟬聯全國「家戶購屋比」的冠軍寶座，「家戶購屋比」達11.72%，這意味著每百戶家庭當中就有近12戶買房子，顯示有愈來愈多的人在台中市購屋，這也可從相關交易數據當中得到證明。根據內政部統計處統計，台中市2006年建物買賣移轉件數達41,453件，創下近十一年來的新高紀錄，可謂是全國最喜歡買房子的地方。

儘管台中房市有先前提到的諸多機會點，對房市形成有力的支撐，但在此同時卻有些顯而易見的挑戰正橫亙在眼前，不容業者忽視。

台中房市的挑戰
- 潛在供給不容忽視
- 空屋量為數可觀
- 預售推案量持續放大
- 房價炒作明顯
- 市內交通壅塞十分嚴重

潛在供給不容忽視

台中房市最根本的問題是都市計畫面積規劃太大了，根

據學者的估計，以現在台中市已規劃重劃區可興建之容積率來算，還足夠容納1,000,000人進住台中市，但是目前台中市人口也才1,000,000人出頭，如此不難想見其房屋潛在供給有多大，這也就是為什麼台中市很多重劃區都還是雜草叢生，杳無生活機能的最主要原因。

空屋量為數可觀

台中房市另一個大問題是空屋量一直非常可觀。根據內政部營建署的數據顯示，截至2006年底，台中市住宅存量（已經興建完成之房子）與家庭戶數比，明顯高出62,293戶，

已然是一個供過於求的市場。另外從歷年空屋及空屋率之調查來看，台中市之空屋及空屋率仍然是偏高的。2000年台中市的空屋率高達26%為全國最高，空屋數雖不是全國最高也達100,000戶；到2005年（目前最新之調查數據），台中市空屋率雖有下降，但還是在21.9%的高水位，是北中南主要都會區中最高空屋率，而空屋數也還有92,000戶。這些數據儘管一再為台中建築業者所反駁，但恐怕還是無法改變區內空屋問題嚴重的事實！

預售推案量持續放大

在整體房市逐漸回溫的帶動下，台中市預售屋市場也在2004年明顯回春。根據台中市建築開發商公會的統計，2003年台中預售推案金額為461億，到2004年暴增到1,339億，成長率高達190%，隨後兩年雖沒再創新高，但年度推案量仍都有千億元的水準，這樣的數據連當地業者都擔心市場會消化不良。今年（2007年）業者推案的動作仍沒有稍歇的跡象，根據公會調查，今年台中「329檔期」推案量就高達200億元，較去年同期高出一倍以上，其中不乏百億大案，這樣的推案量，加上市場上的高空屋率，讓人不得不對台中房市之供需擔心。

台中房市預售推案統計

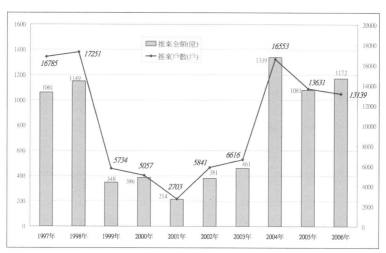

資料來源：台中市建築開發商公會

房價炒作明顯

根據房仲業者的調查，台中市中古屋成交平均價在每坪90,000元左右，另根據國泰建設之調查，台中市預售屋表價平均不超過每坪140,000元，但是今年很多豪宅型個案的定價已經拉高到每坪350,000元至450,000元，甚至有個案直接挑戰每坪500,000元大關，市場上炒作的氛圍愈來愈濃，這都不是正常的市場現象。

市內交通壅塞十分嚴重

近幾年來台中對外的交通條件有十足的改善，如中二

高、中彰快速道路、中投快速道路陸續完工，但是市內主要幹道上班時塞車的問題仍然十分嚴重，這對都市發展、居住品質而言都是負面的，所以台中捷運加速興建已是刻不容緩。

台中房市會不會有李澤楷行情？

　　香港富商李澤楷到台中拜訪並考察當地房地產，台中市長高聲呼籲要賣房子的請再等等。台中房市一夕暴紅，當地建商個個興奮不已，彷彿台中房市真的要雞犬升天了。究竟李澤楷到台中一遊，會不會為台中房市帶來李澤楷行情呢？

　　談到台中房市會不會有李澤楷行情，就不得不提這次各方「繪聲繪影」，他所要投資的水湳經貿園區。因為李澤楷若真的砸下300億台幣投資水湳經貿園區，對台中房市絕對是一大利多，一來顯示港資看好台中房市之未來發展，二來可為台中創造更多就業機會以及城市競爭力，當然當地業者都高度期待，更是樂見其成。只是從實務面來看，李澤楷會不會到台中投資，還牽涉到幾個問題：

一、土地權屬問題

水湳經貿園區雖然是由台中市政府提出規劃，但該土地實際上屬國防部，也就是說是屬於中央政府，因此未來不管是李澤楷或是其他業者，要取得開發權一定是要先取得中央政府的同意，台中市政府只有建議權，是做不了主的。何況這回李澤楷只是做初步之了解，離這問題還很遙遠。

二、地上物補償問題

目前水湳機場上還有許多建築物，根據估計，要將這些地上物拆除，還需數十億，甚至是上百億補償金，這一大筆補償金是中央政府要自行承擔呢？還是要地方政府來承接？需要多久時間才能完全清空？這些問題恐怕都會影響潛在開發業者的意願。

三、開發規模及進度恐非短期內可完成

水湳經貿園區佔地243公頃，比台北市信義計畫區153公頃還大上90公頃，單一業者（李澤楷）是否真的有能力獨力開發，更何況以信義計畫區的例子來看，開發時程到現在已經二十五年，仍未全面開發完成。更重要的是，該經貿園區中還是會釋出不少的住宅區及商業區土地，這對台中市重劃區土地供給為患，只會讓供需更加惡化而已。

綜合上述問題，李澤楷這次到台中一遊，也許會讓當地房市起了短期的激勵作用，但就長期而言，還是要看他是否有真的投資動作，也要觀察台中當地房市之供需、房價的合理性，以及區域就業機會是否能夠持續而定。也就是說一切還是要回歸市場基本面，李澤楷行情或許會有，但也許只是曇花一現罷了！

如何利用不動產籌措退休基金？

　　「有人用筆寫日記，有人用記憶寫日記，有人用相機寫日記」，當然要如何籌措退休基金，也像寫日記一樣因人而異。有人拚命賺錢存老本、有人長期買基金、有人買股票賺價差、有人買樂透靠運氣……。但綜觀市場上所有理財工具，還是以不動產最為大家所熟知，在獲利上也最為穩定，為籌措退休基金時的最好方式。

　　一般而言，籌措退休基金是一個中長期的計畫性投資，根據歷史經驗，台灣中長線投資房地產的獲利能力都十分可觀。就以台北市的土地行情為例，南京東路上現址六福皇宮的土地，1987年國泰人壽以每坪900,000元的價格取得，2006年6月宏盛建設及亞昕建設兩家公司聯手買下六福皇宮對面986坪的土地，成交價每坪4,100,000元，也就是說不到二十年的時間，同樣地段的土地價格上漲了355.5%，等於每年平均漲幅達18.7%，這樣的獲利能力，實際上都比股票或是一般基金還來得高。

　　古人說：「養兒防老，積穀防飢。」但現代人孩子生得少，甚至是已到了「無子化」的情況，所以要靠養兒子養老已經是不可能的事，所以有人就把「養房地產」當成是一個

啞巴兒子般來養。因為除了有上述的強力增值效益之外，房地產還可以產生穩定的收益，讓退休的人沒有後顧之憂，這也就是這些年來房地產的投資風氣特別興盛的原因之一。

房地產的投資風氣特別興盛，其實跟簡單易操作有關，因為房地產投資甚為簡單，也沒什麼高深的學問可言，主要的關鍵在於你有多少本錢可以投資，因此依不動產總價高低可設定適合個人投資的標的及方式。

800,000元至3,000,000元

這算是投資不動產的「入門款」，因總價低，所以較適合的產品是停車位或小套房。前者宜買在住商混合之地區，有上班族又有完善之生活機能，換句話說，也就是有上班開車族之客源又有純住家之停車需求，更高竿的還可以創造「兩段式租金」之極大化操作模式——白天租給上班族，晚上再出租給附近住家；後者則是要慎選區位，一般而言，成熟辦公商圈、百貨商圈、捷運站商圈及大學商圈是套房投資不敗的四大地段，出此四大地段，投資套房的風險就比較高，不適合保守型的退休族。

5,000,000元至10,000,000元

適合這個總價帶的投資產品，從市區套房到郊區標準三房住家都有可能，但在住宅產品租金報酬率與面積成反比的情況下，即使是標準三房住家，還是建議切割成小套房，這樣才能將租金報酬極大化，所以在地段選擇上，還是要回歸

到上述選購小套房的準則。

15,000,000元至30,000,000元

　　在這個總價帶，適合退休族之投資產品就屬店面或是小型辦公室。店面適合選購之地段有百貨商圈、車站商圈、夜市商圈、捷運站商圈等等，小型辦公室當然宜在辦公商圈，或是交通便捷之捷運站商圈。俗稱：「一鋪旺三代」，熱鬧商圈內的一間店面，就宛如一隻金雞母，每個月都生下一顆金蛋，不僅退休族生活無虞，還可庇蔭後代子孫。在台灣以中小型企業為主之產業型態下，小型辦公室一直都有需求，只是中小型企業陣亡的機率也很高，所以找房客時要多了解對方背景，免得短期內空置頻頻，或是有租金收不到的困擾。

　　當然，以上都是傳統投資不動產籌措退休基金的方法，近幾年來在國內不動產市場上還出現了一些另類的投資模式。第一種是借力使力的「二房東」方式，這特別適合沒有太多現金，但有較多時間的上班族來操作，畢竟買房子與租房子的成本差距很大，租房子的負擔相對小得多。在取得房東同意前提下，將別人的房子加以整修、改裝，再分租出去，也有人在兩、三年內創造出數十萬近百萬之收益。這類產品之操作可以是：市區內公寓改成雅房或套房出租，也可以承租市區空地做簡易停車場，或者承租郊區土地搭鐵皮屋分租等方式。該選擇哪種方式，完全看個人之人脈與可取得之資源而定。

　　第二種是分戶設籍屋，這種模式特別適合台北市明星學區內之住家分戶。因為這類分戶設籍產品並不是以居住為目的，所以只要可達到最小分戶的要求，一戶40坪的房子甚至可切割成6個單獨戶，讓售給「望子成龍、望女成鳳」的父母親，為子女買一張進入明星學校的入場券；由於這類投資模式單位小總價低，所以利潤率會比買賣一般住宅高上許多，不過這是適合較多自有資金者來操作。

　　第三種是直接購買REITs。這就是大家熟知的「不動產證券化產品」，是一種較為間接，以不動產籌措退休基金的方法。因為REITs產品總價不高，而且每年都有3.5%至4.3%之間的固定收益，非常適合保守型的民眾拿來作為退休養老基金。以日常生活開銷及舒適性考量，投入目標資金最好要達2,000,000元以上，這樣才能確保每個月有7,000元至8,600元的穩定收入。

　　不管是以上述哪一種方式籌措退休基金，還是要注意，其前提是要讓退休生活過得無憂無慮，所以在利用這些不動產工具的過程中，要謹慎把握兩個原則：其一是退休後最好不要再有任何貸款，這樣才能真的達到「無後顧之憂」的境界，也就是說在退休前還可適度擴張信用，以利用不動產賺取退休基金，但退休後就不宜再如此操作了；其二是賺取穩定收益之出租不動產不宜離自家太遠，這樣才可以免去舟車勞頓之苦。

社會新鮮人如何擁有
人生第一棟房子？

　　根據經建會發布去年第四季住宅需求動向調查，全國民眾幾乎要不吃不喝的工作七年，才能換得一棟房子；台北市民眾則要不吃不喝工作九年才能購屋。政大地政系教授張金鶚也指出，台灣民眾購屋負擔逐季加重，房價與年所得比從2003年以前的5倍以下，上升到2006年最後一季的6.9倍；也就是說，一般受薪階級薪水尚且趕不上物價、房價，要想有自己的房子，原就不易，更何況是社會新鮮人？所以想在剛出社會就擁有屬於自己的窩，恐怕有些原則必須要把握住。

　　以往剛步入社會的新鮮人，往往只有租屋的選擇，何況是房價所得比偏高的現在。不過在房貸利率仍處低檔時，只要能有親人資助部分自備款、不過度消費，並善用低利優惠房貸，還是有機會買到每月房貸負擔與房屋租金相差不多的好房子，因此與其交房租給房東，還不如為自己養戶房子。

新鮮人購屋四大心法

　　不管是不是新鮮人，購屋都有兩個門檻必須跨過，才有

可能完成購屋美夢。第一個門檻是自備款，第二個門檻就是每個月的房貸負擔。為了能順利跨過這兩大門檻，這裡提供四大心法，供社會新鮮人參考。

一、勤做功課

年輕人最大的本錢就是年紀輕，但最欠缺的是經驗，特別對房地產市場之交易經驗更是付之闕如，因此如果要能降低購屋自備款這一大門檻，就得對市場行情有一定的了解。消極面不至於受騙上當，積極面可藉著自身對房價及區域的了解，買到價格較合理之房子，達到降低購屋自備款門檻的目的。所以「多看、多問、多比較」是必經過程，而勤跑各大仲介店頭也是功課之一；如果擔心被房仲業務人員「糾纏」，也可選擇到虛擬通路網路上去搜尋、瀏覽，充分運用網路無國界的特性，充實自己的不動產常識及知識。本身對於市場瞭若指掌，在殺價、議價時就更能理直氣壯，讓自己立於不敗之地。當然善用周邊的不動產專業人士朋友，也是新鮮人購屋不敗的準則，譬如代書、估價師、建築師、律師，或是有買賣屋經驗之朋友，都是很好諮詢的對象。

二、不過度消費

新鮮人最大的購屋障礙在於自備款籌措不易，所以除非

家中有「富爸爸」，可以提供足夠之自備款，否則「節衣縮食」、不過度消費是社會新鮮人累積自備款的唯一道路，如果性喜名牌、手中數張信用卡、每年要出國一、兩次，那購屋夢絕對會離你愈來愈遠。

三、善用政府各類優惠房貸

目前低利率環境仍在，社會新鮮人只要籌足自備款，買屋就不再是夢想了；尤其政府又提供多項優惠房貸選擇，讓社會新鮮人更可輕易的跨過房貸門檻，以優惠房貸購屋，房貸負擔甚至比租屋的租金還低。所以只要適當運用優惠房貸加上利用還款寬限期，社會新鮮人是有條件輕鬆購屋的。

以近幾年政府持續釋出的優惠房貸為例，購買總價2,860,000元的房屋，在台北縣市約可購得8坪至14坪的小套房，每月房貸負擔與支付的房屋租金相差不多。若是申辦3,000億元優惠房貸，貸款七成、房貸金額2,000,000元，每月房貸支出約11,000元；若是申辦青年購屋貸款，前七年每月支出為10,000元左右；如果辦理勞工住宅輔助購屋貸款，每月支出也只要10,840元左右，與台北縣市套房8,000元至20,000元左右的房租相比，購屋顯然還是比租屋划算。

若是選擇只付息不還本的「還款寬限期」，申辦政府之優惠房貸，三年可減輕220,000元以上之支出；如果申辦青年購屋貸款，五年可減輕支出達420,000元，因此對於工作穩定、前景看好的社會新鮮人，還可考慮選擇「還款寬限期」來降低前幾年的房貸負擔。

四、把握「三三原則」

所謂「三三」原則，首先就是要先準備三成之自備款，現在全球利率都有走升的趨勢，以自己的收入推算房貸，雖然現在負擔得起目前之房貸，但是一旦利率持續走高，在這個萬物飛漲，只有薪水不漲的年代，很可能就會面臨還不起房貸，被銀行送進法拍的命運。因此現在購屋提高自備款，避免過度擴張個人信用，絕對是明智的選擇！

所以第二個「三」的原則就更要拿捏好，也就是每月房貸還款不得超過家庭月所得的三分之一。每人每月除了生活費之外，都還會有些固定支出，甚至還會有些不時之需，將房貸控制在所得的三分之一，才可保有正常的生活品質，當然年輕時，因為承受風險之能力較強，也可拚命多賺點錢，可將比例放大到四成或四成五，但最多不要超過五成，以免到時周轉不過來就慘了！

新鮮人購屋產品及區域選擇

為減輕日後房貸負擔，房地產業者建議，在大台北地區社會新鮮人在選擇產品時宜選擇市區小套房，或利用捷運以時間換取空間，購買郊區較便宜的中古屋。若是選購套房產品應該注意下列問題：

1. **房價合理性**：套房因具有總價低之特性，讓人負擔得起，或投資報酬高，值得投資，使得消費者容易忽略是否買貴了的問題。

2. **將來轉售市場性**：套房若為自住，通常為過渡型產品，必須考慮將來轉售問題，市場性很重要；投資套房則以確保高投資報酬為首要任務。

3. **避免買貴的方法**：區分出住居（使用）及其他用途的價值，用「拆解法」較易清楚判斷值不值得購買。方法是去除公設，以「實坪」判斷行情，至於陽台、露台、平台等附屬建物，須二次施工才能轉作室內使用，價值與主建物不同。

4. **分辨公設**：成屋可以分別計算室內實際坪數及權狀登記面積，預售屋則可以丈量建築藍圖房廳總面積，再除以銷售總面積即可得知。

　　若是選購中古屋，則可考慮總價在3,500,000元至4,000,000元的中古屋，這類中古屋主要分佈在台北縣土城、中和、新莊、汐止、蘆洲、新店安坑地區等，這些區域雖位於北市都會邊緣地帶，區域發展較晚，但基本生活機能條件不算差，而且大多有捷運設施規劃，交通便利性大增。

　　面對房地產景氣短期並無退燒的情況，在此建議社會新鮮人，可以利用政府釋出的優惠房貸政策購屋，但應該多方面收集房屋銷售訊息，切記要多看、多比較，避免發生衝動

購買的行為。最好的方法是確定購屋需求，依購屋總價、房屋大小、通勤時間、期望購屋區域，選定看屋的範圍，再逐步縮小選擇，避免漫無目標的看屋。此外，將購屋條件向仲介公司說明，請經紀人在適合房屋釋出時通知看屋，這也是社會新鮮人節省看屋時間的好方法。社會新鮮人應勤於收集市場行情，盡量選擇優質地段購屋，並挑選能適用優惠房貸且貸款成數較高的住宅。

　　若是要選擇總價5,000,000元左右的中古屋，則購屋區位可拉近到台北市郊如內湖區、文山區、北投區、南港區，在這些區域內仍可找到十五年左右屋齡的中古公寓產品，且這些區域的生活圈已形成，生活機能較完善，聯外交通便利，區域發展潛力看好，只是在自備款方面，可能就要靠親友多多幫忙了，否則房貸負擔可能會過於沉重，影響到生活品質。

　　在低利率及高通膨的年代裡，年輕人應該勇於進場買房子，年輕人購屋有很多好處。首先，由於購屋與婚姻大事差不多，它是人一輩子當中很重要的決定，一旦決定購屋後，年輕人就開始學會要有責任心，等於對長達二十年之房貸許下承諾，對個人之心智成長有很大的幫助；其次，購屋是一種強迫儲蓄的行為，年輕人只要被房貸綁住，他會學習如何節制自己的開銷，對於不必要之大額消費更會考慮再三，不會將錢花在名牌上、不會將錢花在過度的吃喝玩樂上。如此一來，擁有人生第一棟房子絕對是指日可待的事。

高鐵時代房地產投資策略

> 土地看建商動作進出，房屋以近站店面為宜，住宅看基本生活機能而定。

　　終於、終於，這次政府所開出的支票真的沒跳票，大家期盼多年的高速鐵路於2007年元月正式通車，即將掀起另一波的「空間革命」，將全台灣帶進「一日生活圈」的革命性時代，同一時間，國內房地產市場也進入了「高速」發展的年代。在這一個嶄新世代，一般民眾該如何看待這波高鐵所帶動的房地產市場發展：完工通車會是利多出盡還是另一波起漲的開始？社會大眾該勇敢下注還是該敬而遠之呢？

第四波空間革命──台灣進入「一日生活圈」時代

　　在高鐵通車之前，台灣地區共產生三波因交通建設所產生的「空間革命」。第一波是傳統鐵路建設，造就了全台各地的火車站站前商圈發展，到現在這些站前商圈幾乎都還是當地商業活動最繁榮的地段；第二波則是進入高速公路時代，

大幅縮短城市之間的距離，也逐漸形成一些以交流道為核心的新商圈或社區；第三波是隨著捷運時代來臨，所形成「逐捷運而居」的房市新潮流。而今年（2007年）高鐵正式通車，則象徵台灣進入第四波的「空間革命」，高鐵通過地區的房地產市場，勢必也會展開一場翻天覆地的大變動，其對房市之影響絕對是不容忽視的。

據了解，高鐵營運初期在台北、板橋、桃園、新竹、台中、嘉義、台南及左營設有8個站，營運後期再增加南港、苗栗、彰化、雲林4個站。北高直達車（中間站不停靠），行駛時間只要90分鐘左右。高鐵站周邊房地產是不是具有「因高鐵通車而為當地房市加分投資」的價值，則要看站區周邊有沒有較強的「磁吸效應」。以目前初期通車路段來看，仍以三鐵共構的台北車站、板橋站及左營站廣受各方看好，至於在五大車站特定區當中，則以新竹站最被看好，嘉義站及台南站相對較為看淡，整體來看，基本上還是出現一副「強者恆強、弱者恆弱」的態勢。

在「強者恆強」的原則下，高鐵通車受惠最大的還是擁有台鐵及捷運匯集的「三鐵共構」車站，這類車站也就是北台灣的台北車站、板橋站及南台灣的左營站，其中尤以左營站房價最具後市漲升的想像空間，主要原因是該站區周邊房價基期很低，未來

房價漲幅相對較大；另外，新板特區房價已站上每坪400,000元，台北車站周邊目前是一地難求，房價即使再漲，漲幅都相對有限，倒是左營站周邊，房價仍處在低檔，在比較基期仍低的情況下，未來漲幅不容小覷，未來房價有挑戰每坪250,000元之實力。

「三鐵共構」車站，強者恆強

至於五大車站特定區當中，若從主客觀條件來看，除了嘉義站開發面積小於信義計畫區之外，其他特定區規模都是信義計畫區的1.8倍到3.2倍大，如要能加速開發成形，就要靠政府或民間投入更多的資金。以目前各種配套條件來看，以新竹站最被市場看好，因為它鄰近生活機能完整之縣治特區以及具有高所得就業機會之新竹科學園區，這兩大磁吸效應，對新竹車站特定區之加速開發有相當大的助益。只是區內近兩年來新屋供給量大增，通車後房價恐怕難免會有一段震盪期，中長期房價仍然持續看漲。

桃園站與台中站的房市開發潛力也不容忽視，桃園站在五大特定區當中最靠近台北站，相關交通環境之配套也最完整，如果巨蛋主題園區能早日完工啟用，定能加速整個特定區之開發，只是該特定區開發面積是信義計畫區的3.2倍，除非是要長期「養地」，否則以短線操作為宜，自住則要看基本生活機能指標，例如菜市場或超商是否進駐，才不會落個前不著村後不著店的窘境。台中站因為地理位置適中，又是目

前三大科學園區居中之地位，園區內高科技員工正是未來高鐵搭乘使用率最高的族群，在此一條件之下，一定可以帶動台中站特定區及鄰近房市之發展。

　　相對的，嘉義站與台南站在周邊缺乏有力產業之磁吸作用，高鐵通車後很可能落入「弱者恆弱」的窘境，區內人口及資源反而可能被北高強勢城市所拉走，所以在五大高鐵車站特定區中，房市發展前景呈現相對弱勢，在區內不動產投資更是要停、看、聽。至於營運後期再設站的4個車站當中，除南港為未來「三鐵共構」落腳處，目前區內土地已經如火如荼開發之外，其他如苗栗、彰化、雲林等站，都是位於弱勢二級城市，其站區周邊房市未來發展走勢，應該會較類似嘉義站與台南站，只會有零星的土地炒作，但全面上漲之動能仍要有產業的進入，否則還是不能留住當地居民，更別想要吸引外來人口了。

高鐵不動產投資把握四大原則

　　因此對於高鐵通車之不動產投資，應該把握四點原則：

一、優先選擇「三鐵共構」站區周邊

　　交通可及性是房價的最主要支撐力量，所以進入高鐵時代後，周邊房市一定也會起變化，只是高鐵不像一般大眾交通工具，反而比較像飛機之載運，其以較高之票價，已區隔出是屬中上社會階層交通工具，所以如果沒有其他大眾交通

工具「相挺」，其站區周邊頂多就是另類航空站而已，若有別的大眾交通工具與高鐵站匯集，其周邊房市帶動之效應才夠強。因此在房市投資除台北站、板橋站及左營站「三鐵共構」優先選擇外，南港雖在後期才設站，但也值得長期布局，未來住宅房價有上看每坪450,000元之潛力。

二、車站特定區土地投資要「戒急用忍」

高鐵通車後，五大車站特定區進入實質驗收的「高鐵效應」期，區內土地也許還具有炒作空間，但難度變高。為避免成為「最後一隻老鼠」，重要指標是看建商是否還「出手購地」，若建商縮手，顯示地價就將反轉。另外高鐵特定區公有土地的標售也是重要觀察指標，若是無人投標，或是得標價與底標很接近，都不宜對高鐵房地產後市過度樂觀。

三、車站特定區房屋投資以店面為宜

由於五大特定區都至少有一個信義計畫區的開發規模，不論住宅或辦公室之供給與需求都需要相當長的時間去型塑，所以通車初期以投資立即就能帶進人潮和錢潮的店面為佳，而且是位在車站主要出入動線1公里內之店面為宜，愈靠近車站愈好。若是要買住宅自住，最好等到區內基本生活機能如小學、菜市場或超商進駐才開始行動。

四、注意前後站之差別效應

傳統鐵路設站地區都會形成繁榮的車站商圈，但是明顯的前站與後站的商業氣息有很大的差異，一般是前站優於後

站。因此,如果要投資高鐵站區商業用地或店面,一定要留意未來是不是會形成前後站之差別,辨別的地方是看站區「站前廣場」規劃在何處,免得投資到一個後站冷門商圈,落入「要漲漲不上去,要賣又無法獲利」的兩難之境。

高鐵五大車站特定區房市投資潛力評估

	桃園站	新竹站
車站所在地	青埔	六家
開發面積(公頃)	490.00	309.22
與信義計畫區比	3.2倍	2.02倍
開發主題	巨蛋主題園區、國際會展中心	生醫科技城、網路事務園區
計畫人口(人)	60,000	45,000
與台北站時間距離	約15分鐘	約31分鐘
距最近主要城市	中壢市	竹北市
距離(公里)	7	3
大眾運輸配套設施	捷運共站,捷運2010年完工、公車站、客運站	台鐵內灣支線共站,2009年完工、客運站
房地產投資評等	★★★	★★★★

註:台北信義計畫區面積153公頃,計畫人口38,000人

　　台灣進入高鐵時代，這不僅是有形交通工具的升級而已，民眾對台灣的空間感及本身居住地點之選擇，也都會跟著改變或是重新定位。新城市可能因高鐵的設站而興起，舊有城市可能因高鐵不靠站而沒落，大家不妨拭目以待！

台中站	嘉義站	台南站
烏日	太保	沙崙
273.35	135.22	298.91
1.79倍	0.88倍	1.95倍
超大型商場（MAGA MALL）、國際採購中心	藝術花園城、島內休閒度假區	文化休閒中心、生態社區示範城
23,000	20,000	32,000
約45分鐘	約75分鐘	約80分鐘
台中市	太保市	台南市
8	3	12
三鐵共構，捷運2012年完工、公車站、客運站	公車站、客運站	台鐵沙崙支線捷運化，2009年完工、公車站、客運站
★★★	★	★

新莊房市前景大剖析

　　「新莊副都心，點土成金，民國九十六年十二月與您見面」，最近有機會經過新台一線（二省道）的民眾，大概都會注意到這幾個斗大的字寫在臨路的圍籬上，這就是江湖傳聞十多年的新莊房市大利多——「新莊副都心」。圍籬內相關重劃之基礎建設工程正如火如荼的趕工中，希望在今年（2007年）底之前可以與大家見面，所以這次「新莊副都心」之利多應該不會再「只聞樓梯響」；當然早就在區內擁地自重的地主與財團，點土成金的日子也是指日可待的。新莊市在此建設利多帶動下，其未來發展前景也格外令人期待！

千帆林立新莊港

　　新莊的名稱由來係取自「新興的街莊」之意，早期受惠於淡水河帶來的河港之利，商業活動發達，因此是北台灣開發最早的地區之一，清朝時期曾有「千帆林立新莊港，市肆聚千家燈火」的文字形容當時新莊港之繁榮景象，只是如今提到新莊港，可能已經沒有人可以想像到底是如何的情景了！後來劉銘傳在台興建第一條鐵路，路線經過新莊，所以新莊的陸上商業活動也一度十分活躍，只是日治時代日本人

將鐵路線改至板橋及鶯歌，原鐵路線即現在台一線（省道台
一線）中正路。

　　不過日人也把一些生產事業移到新莊一帶，因而奠定了
新莊後來工業生產之經濟基礎。目前新莊是北台灣的工業重
鎮，境內有國家級的五股工業區，以及縣級的頭前工業區、
瓊林工業區、西盛工業區等大型工業區，都市計畫當中也編
定了大批的工業用地，設籍在新莊市的工廠家數更一度高達
6,000家，在台灣各鄉鎮市區中排名第一。新莊市位於台北盆
地西南隅，南邊以大漢溪與板橋相望，西南以塔寮坑溪與樹
林相伴，西邊與桃園縣龜山鄉接壤，北與泰山、五股為鄰，
東與三重相接。全市佔地近20平方公里，與台北市之間因隔
著一個三重市，所以在台北衛星城市中係屬第二圈之地位，
其重要性並不如第一圈的三重、板橋、永和等地。

　　但是隨著台北市商業活動及都市發展的益趨成熟，加上
三重區內土地開發的益趨飽和，台北都會發展之「月暈效應」
也早就擴展到新莊地區，何況新莊原本就是早期省道必經之
交通要道，又有上述諸多工業區發揮磁吸效應，所以新莊不
僅成為早期中南部民眾北上就業落腳之重鎮，近些年來也是
很多北市上班族、白領階級設籍落戶的主要選擇地之一，區
域重要性逐漸提升當中。

人口匯集快速成長

　　新莊早在1978年7月正式升格為縣轄市，也就是說當時區

內人口已超過150,000人，到2006年6月底新莊人口已經達到390,000人，也就是說二十五年來新莊人口增加了240,000人之多。由於新莊地區人口逐漸增多，因此市公所將其下劃分為新莊區、頭前區、中港區、福營區4個市轄區。不過在房屋市場上，建築業者大抵將新莊市分為2大區：上新莊與下新莊，其間是以新泰路為分隔線，上新莊包括上述4大轄區中之頭前區、新莊區與中港區；下新莊則是指福營區。

上新莊

上新莊包括頭前區、新莊區及中港區，頭前區主要是指思源路以東之頭前工業區及目前重劃中的頭前工業區，該區與三重頂崁工業區連成一氣，是中小型製造業聚集地，工業氣息濃厚，居住環境較凌亂。此區雖有臨近台北市之優勢，區內卻少有預售推案，偶有的推案也屬小規模之廠辦產品或是遊走於法律邊緣的工業住宅個案。目前重劃中的頭前重劃區，因位處思源路中山路交會處，佔盡地利優勢，與對面之「新莊副都心」，都被視為新莊未來最閃亮的房市潛力區塊。

這裡所說的新莊區是指新泰路、復興路及思源路所夾之區塊，這區可說是老新莊發展的重心，所以新莊市政中心就落腳在此處，這裡也是新莊的商業中心，其中更有新莊市中

心最大的綠地——新莊綜合體育場。該區由於生活機能十足，是民眾購屋的最優選擇區塊，當然也是新莊房價最高的地方，只是礙於該區開發較早，能開發的土地面積都不大，雖持續有住宅預售個案推出，但推案規模都不大，然而銷售狀況卻都不差，顯示住宅需求支撐不弱。

　　至於復興路以北、新台一線（二省道）中山路以南的區塊統稱中港地區，包括了限建長達十幾年的「新莊副都心」，該區是新莊近十幾年來新興的開發地區，也是新莊預售市場推案最發達的地區。期間陸續出現過幾個大型的造鎮個案，建築形式以電梯大樓居多，最知名的當然就屬近三年來最活躍的「歐洲村造鎮案」；該區由於可以借道忠孝高架道路及中山高快速進入台北市區，所以是最多開車上班族落腳之地，房價也直追隔壁的新莊區。「新莊副都心」在去年（2006年）6月正式破土動工重劃後，期待多年的「點土成金」夢想，終於要成真了，當然也就廣受各方期待了。

下新莊

　　下新莊雖然籠統的說是指福營區，實際上還可細分為西盛工業區、丹鳳迴龍地區及後港地區。西盛工業區與頭前工業區一樣，也是以中小型工廠為主的傳統工業生產基地，近年來隨著產業外移及經濟不景氣，區內陸續出現一些閒置廠房，一部分則轉型成為新型廠辦大樓。該區最特別的是緊貼著大學學術殿堂輔仁大學，因此產生不少學生住宿需求，出現許多大型的學苑（宿舍）推案，形成該區特殊之住宅景

觀，也可以說是北台灣「工業住宅」的濫觴之地。

　　後港地區雖地處偏僻，但因區內有較便宜的充裕土地庫存，所以在「三重幫」及在地建商積極開發下，已經形成生活機能十足的住宅區，並塑造出後港著名的「鴻金寶商圈」，儼然是下新莊的商業中心。一般而言，下新莊房價與上新莊每坪有30,000元至50,000元之價差，後港地區因有愈來愈強的自足生活機能與日趨強勁的商業活動，所以區內房價與上新莊地區有日漸拉近的情形。只是該區與中正路上的新莊捷運線尚有一段路程距離，仍然較不易拉進外來的住宅客源。

　　相對的，丹鳳迴龍地區就擁有雙捷運站及台一線、新台一線（雙省道）交會的交通優勢，將它位處台北縣西部邊陲地區的劣勢完全扭轉過來，只是該地區生活機能重心還是在主要道路中正路及中山路上，整體居住景觀混亂，有老舊透天厝、有公寓，也有新式電梯大樓住家。在這樣的環境下，該地區房價一直是新莊地區最低的，中古屋只要每坪110,000元至130,000元，不過也因低房價之關係，市場預期等到新莊捷運通車後，該區具有丹鳳站及末端站迴龍站之優勢，未來定會享有最大的房價漲幅，當然現在區內不論是預售或新成屋推案都是以此利多作主要訴求。

新莊房市發展遠景

　　近三年來板橋新站特區發光發熱，所以有很多人，特別

是建商與代銷業者，都會拿新莊副都心來比擬新板特區，並期望新莊區域房價可以趕上板橋。就現實面來看，今年（2007年）區內新板特區就可望完成「三鐵共構」，未來還有環狀捷運線在此交會，形成罕有的「四鐵共構」。所以在新板特區的點火效應下，幾乎是板橋區內推出的預售個案都雞犬升天，房價也一路往上飆，新莊在地理位置上與板橋市只有一河之隔，很可能成為另一個房市新戰場。

當然，先天上新莊就位處第二線城市，鐵路線的優勢早在日治時代已被板橋給取代了，而捷運仍在興建中或還在紙上作業。所以這些年來新莊地區房屋預售推案都是訴求一些未來的建設利多，而這些建設利多也是未來新莊整體房市發展最主要的推動力，其中包括3條捷運線、2條快速道路、新莊副都心及頭前重劃區。

3條捷運、兩條快速道路會新莊

目前已知將會經過新莊的捷運線有3條，新莊線、機場捷運線與環狀捷運線。其中新莊線走中正路，經過頭前工業區、新莊市政中心、西盛工業區、丹鳳及迴龍地區，預計2010年完工，屆時不僅可以改善新莊市中心的交通，更能大幅拉近新莊與台北市之距離，特別對下新莊幫助更大，房價當然也將水漲船高，其中終點站迴龍站及頭前庄站最被看好，因為前者會吸引大量樹林及龜山地區捷運接駁客源，後者將會與未來之環狀線交會，將是一個雙捷運站，未來這兩站周邊房市發展不容小覷。

機場捷運線則是走新台一線（二省道），在新莊設有五股工業區站及楓樹腳站兩個捷運站，位在新莊北部邊緣，未來的可能受惠者正是萬方期待的新莊副都心。至於規劃中之環狀捷運線將會沿大漢橋跨河而來，循思源路在幸福路口設幸福路站，續往北在中山路口與機場捷運五股工業區站交會，所以將來受惠最大的仍將是頭前重劃區及新莊副都心。

除了捷運線外，目前在新莊境內興建中的有兩條快速道路，連接新店到八里的東西向快速道路，以及特二號道路連接五股交流道，當然今年（2007年）底將完工的忠孝高架延伸線，更可讓目前到新五路的路線延伸到文程路。以上這些交通建設，都可讓很容易打結的新莊交通獲得全面的改善。

兩大重劃區重塑新莊

現在很多人好像都只注意到新莊副都心的開發，事實上與新莊副都心僅一路之隔的頭前重劃區，都將在明年（2008年）之前規劃完成，開放給地主與建築業者開發。放眼大台北地區，可供建築業者恣意馳騁的中大型重劃區，除了正在加速開發中之新板特區外，就是位在北淡線的淡水，或是在最南邊的林口與三峽地區，這些都是屬台北衛星城市三線、甚至四線的地區，所以以新莊副都心、頭前重劃區與台北車站僅僅7至8公里、10分鐘內之車程，確實是不可多得之房市潛力區塊，不僅官方十分看好，民間業者更是老早就準備就緒，要在這兩個重劃區內好好較勁一番。

頭前地區開發面積約46公頃，開發經費21億元，主要為

縣府配合經濟部水利署執行台北防洪初期治理工程用地三重堤防及二重疏洪道三重地區拆遷戶安置計畫，以重劃後取得之抵費地辦理配售安置戶之政策性開發案，預計可安置拆遷戶230戶，主體工程如順利於今年（2007年）中完工，將會開發成全新的住宅及商業區。由於該區具有臨思源路及未來環狀捷運的優勢，臨路之店面預期會有很高之價值與漲幅，最高上看800,000元至1,000,000元。

至於新莊副都心總開發面積約84公頃，自從1992年副都心主計畫發布後一直限建到現在，全區總開發經費為72億元，主體工程於2006年6月正式開工，預計今年（2007年）底完成，明年（2008年）開放開發。所以這次的「新莊副都心」不會再是「狼來了」，區內除了3所國中小已經設立外，將來國家電影文化中心也將落腳於該區內，區內不但有大片綠地、整齊寬闊的街廓，及捷運、快速道路等便捷交通，更會建設出成知識產業園區，對於科技人士及知識產業人士的進駐有著很大的吸引力，預計可引進11,000名新居住人口，這也是新莊副都心發展遠景之所在。

新莊由於受制於不如一線城市的地理位置，所以儘管區內人口眾多、區域內預售推案也不斷，但房價卻始終處於相對低檔。根據《住展雜誌》的統計，新莊地區預售房價在1996年平均每坪167,000元，到去年（2006年）也只漲到每坪172,000元，十年來只有小小3%的漲幅，在台北縣內雖不是敬陪末座，但也只比其鄰近之五股鄉好一些。

另根據信義房屋之統計，新莊地區中古屋平均房價在

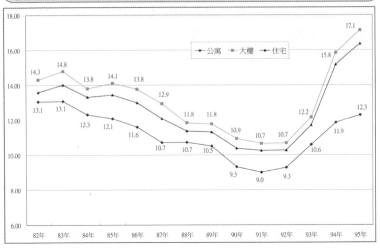

新莊市中古屋平均房價走勢圖

資料來源：信義房屋不動產企研室

2002年落底後，到2006年底止已經漲至每坪170,000元，漲幅業已接近六成，早就突破前一波高點；這顯示近三年來市場上強勁的需求，已讓新莊的房價不斷往上竄高，未來應該還有高點可以期待。像新莊市長已經說出新莊副都心開發後房價上看250,000元的信心喊話，但以現在副都心旁新成屋成交價都快站穩200,000元來看，相信未來250,000元應該不是副都心房價的頂點，未來新莊地區最高價也會移到副都心內。

對於想在新莊築巢的民眾而言，建議先以新莊捷運站周邊為優先選擇，可較快享受到捷運便捷與房價增值之效應；上新莊居住品質整體而言優於下新莊；至於新莊副都心要全面開發成形，至少可能還要五至十年，所以短期內比較適合

開車族先擇優落戶，等待長期增值利益。

　　當然，隨著新莊捷運及機場捷運的完工通車，以及區內諸多建設包括新莊副都心的陸續完工及投入，位處北市西邊的新莊已不會再是昔日的灰姑娘，將會蛻變成楚楚動人的大美女，就讓我們拭目以待吧！

台北縣各行政區近十年來預售平均房價漲跌幅排行			
	1996-2005年房價變化（萬元／坪）	10年來漲幅（%）	漲幅排行
板橋	18.9-29.4	50.2	1
新店	17.7-24.0	35.6	2
淡水	15.8-19.9	25.9	3
中和	16.2-20.1	24.1	4
永和	23.3-28.3	21.5	5
泰山	13.8-16.5	19.6	6
土城	13.9-16.5	18.7	7
鶯歌	10.1-11.8	16.8	8
三重	18.6-21.7	16.7	9
蘆洲	15.8-18.4	16.5	10
三峽	12.0-13.8	15.0	11
八里	13.7-15.5	13.1	12
林口	13.5-15.0	11.1	13
汐止	15.2-16.7	9.9	14
樹林	14.0-14.7	5.0	15
新莊	16.7-17.2	3.0	16
五股	15.3-15.5	1.3	17
台北縣十年平均漲幅		17.9%	

註：統計至2005年8月
資料來源：住展雜誌企研室

新莊地區預售及新成屋個案

個案名稱	建商	產品規劃 (地上/地下)	規劃戶數
輔大&金莊	長群建設	10/2	203
世界盃	勝華建設	15/3	440
合康百儷	合康建設	13/2	94
時尚女人香	瓏山林實業	14/2	447
忠承星鑽NO.5	得住建設	12/2	68
御松閣	翔富建設	13/3	72
合康百世達	合康建設	14/3	242
忠承新都	得住建設	12/2	99
喜悅春天	漢翔開發	9/3、13/3	184
巴黎世紀	凌陽建設	13/3	169
藝術國寶	金碧瑤建設	13/3	248
富麗旺	浩詮建設	13/3	75
五星尊爵NO.5	河成建設	15/3	86
台北君悅	精業建設	13/4	120
最高峰	富都新開發	22/5	235

註：依平均單價高低排序

規劃坪數	平均單價 (萬元)	地址
30-49	13.5	民安路426號
20-46	15.5	新樹路649巷
22-34	15.8	民安西路392巷
11-48	18.0	富國路
40-73	19.0	中港路
32-50	19.5	中平路377巷
25-44	19.5	民安西路
27-77	19.6	中榮街152巷
19-46	20.8	中港路
21-41	21.5	中平路377巷
32-76	21.5	中平路
27-50	22.5	自信街29號
36-55	24.0	中華路二段
28-49	24.0	中平路
18-38	24.0	中山路（副都心內）

國家圖書館預行編目資料

跟著專家買房子 ： 張欣民教你十要八不聰明購屋
/ 張欣民著. -- 初版. -- 臺北市 ： 寶瓶文化,
2007[民96]
　　面 ； 公分. -- (Enjoy ; 27)
　　ISBN 978-986-7282-93-4(平裝)
　　1. 房地產業

554.89　　　　　　　　　　96009425

Enjoy 027

跟著專家買房子： 張欣民教你十要八不聰明購屋

作者／張欣民

發行人／張寶琴
社長兼總編輯／朱亞君
主編／張純玲
編輯／羅時清
外文主編／簡伊玲
美術設計／林慧雯
校對／羅時清・陳佩伶・余素維・張欣民
企劃主任／蘇靜玲
業務經理／盧金城
財務主任／趙玉雯　業務助理／林裕翔
出版者／寶瓶文化事業有限公司
地址／台北市110信義區基隆路一段180號8樓
電話／(02)27463955　傳真／(02)27495072
郵政劃撥／19446403　寶瓶文化事業有限公司
印刷廠／通南彩色印刷有限公司
總經銷／聯經出版事業公司
地址／台北縣汐止市大同路一段367號三樓　電話／(02)26422629
E-mail／aquarius@udngroup.com
版權所有・翻印必究
法律顧問／理律法律事務所陳長文律師、蔣大中律師
如有破損或裝訂錯誤，請寄回本公司更換
著作完成日期／二○○七年
初版一刷日期／二○○七年六月
初版三刷日期／二○○七年六月十二日
ISBN:978-986-7282-93-4
定價／二七○元
Copyright©2007 by Chang Hsin Ming
Published by Aquarius Publishing Co., Ltd.
All Rights Reserved.
Printed in Taiwan.

AQUARIUS

寶瓶文化事業

愛書人卡

感謝您熱心的為我們填寫，
對您的意見，我們會認真的加以參考，
希望寶瓶文化推出的每一本書，都能得到您的肯定與永遠的支持。

系列：E027　　　**書名：跟著專家買房子——張欣民教你十要八不聰明購屋**

1. 姓名：＿＿＿＿＿＿＿＿＿　性別：□男　□女

2. 生日：＿＿＿年＿＿＿月＿＿＿日

3. 教育程度：□大學以上　□大學　□專科　□高中、高職　□高中職以下

4. 職業：＿＿＿＿＿＿＿＿＿

5. 聯絡地址：＿＿＿＿＿＿＿＿＿＿＿＿＿＿＿＿＿＿＿＿＿＿＿＿＿＿＿

　　聯絡電話：(日)＿＿＿＿＿＿＿＿＿＿(夜)＿＿＿＿＿＿＿＿＿＿

　　　　　　(手機)＿＿＿＿＿＿＿＿＿＿

6. E-mail信箱：＿＿＿＿＿＿＿＿＿＿＿＿＿＿＿＿＿＿＿

7. 購買日期：＿＿＿年＿＿＿月＿＿＿日

8. 您得知本書的管道：□報紙／雜誌　□電視／電台　□親友介紹　□逛書店　□網路
　　□傳單／海報　□廣告　□其他

9. 您在哪裡買到本書：□書店，店名＿＿＿＿＿＿　□劃撥　□現場活動　□贈書
　　□網路購書，網站名稱：＿＿＿＿＿＿＿　□其他＿＿＿＿＿＿

10. 對本書的建議：(請填代號　1.滿意　2.尚可　3.再改進，請提供意見)

　　內容：＿＿＿＿＿＿＿＿＿＿＿＿＿＿＿＿＿

　　封面：＿＿＿＿＿＿＿＿＿＿＿＿＿＿＿＿＿

　　編排：＿＿＿＿＿＿＿＿＿＿＿＿＿＿＿＿＿

　　其他：＿＿＿＿＿＿＿＿＿＿＿＿＿＿＿＿＿

　　綜合意見：＿＿＿＿＿＿＿＿＿＿＿＿＿＿＿＿＿＿＿＿＿＿＿

11. 希望我們未來出版哪一類的書籍：＿＿＿＿＿＿＿＿＿＿＿＿＿＿＿＿＿

讓文字與書寫的聲音大鳴大放

寶瓶文化事業有限公司

（請沿此虛線剪下）

寶瓶文化事業有限公司　收

110 台北市信義區基隆路一段 180 號 8 樓

8F,180 KEELUNG RD.,SEC.1,

TAIPEI.(110)TAIWAN R.O.C.

（請沿虛線對折後寄回，謝謝）